人活起伏
欧阳修

山水间的醉翁
庙堂里的文臣军骨

何楚涵 著

作家出版社

等，也大略了解他的生平经历，但若要细致讲述欧阳修复杂、跌宕又澎湃的一生，并非易事。所以，我迅速从学校图书馆里找了关于欧阳修的所有研究资料，开始系统梳理他波澜壮阔的一生。

欧阳修，堪称北宋文坛与政坛的双重巨擘，他的一生是成就与辉煌的交响曲。在文学上，欧阳修接续并发扬韩愈的"古文"薪火，引领了北宋诗文革新的浪潮。他的散文，曲折回环又不失自然之美，为后世开创出自然流芳的独特文风。在政治上，欧阳修是一位锐意进取的改革者。他参与过轰轰烈烈的"庆历新政"，见证了激烈的"王安石变法"，波折如他，勇敢亦如他。历经三朝皇帝、三次被贬，始终励精图治，打破陈规，不拘一格选拔人才，为北宋选出了诸如苏洵、苏轼、苏辙、王安石、曾巩等思想文化巨星。毋庸置疑，欧阳修先生是一脚优雅地落在文坛制高点，一脚又稳踏在政坛巅峰。

动笔时已经是酷暑七月，我清晰地记得那一天的写作非常不顺利，来回修改，一天写了不到 500 字，欧阳修是不好写的，他的一生极其复杂，无论在思想、文化还是政治上，都称得上是一代宗师。但从另一个角度看，欧阳修又与普通人无异，他幼年失怙，从小寄人篱下，与母亲相依为命，求学路上也是一波三折，硬是靠着自己的勤奋和一股子勇劲，在群星闪耀的北宋闯出了自己的天地。所以，写作越往后进行，我就越能感受到欧阳修身上那种既谦虚又勇敢、既坚韧不拔又心怀天下的大爱。其中有一处细节很打动我，在北宋时期的"濮议之争"中，欧阳修为了表示对老同事兼"战友"韩琦的支持，写下一篇《相州昼锦堂记》。韩琦看到这篇文章之后，非常感动，但几天后，欧阳修派人送来了另一个版本，跟第一版本的内容仅仅差了虚词"而"字。在宋代的史书中有记载，说欧阳修每次写完文章之后，总会把初稿"贴之墙壁，坐卧观之"，哪怕是写一张几十个字的小便条，他也会先打个草稿。我想，这正是欧阳修写作的秘诀：反复琢磨，勤于修改，千锤百炼，直到满意为止，而这也是他能够成为一代文宗的重要原因之一。

在撰写这本关于欧阳修传记的过程中，我仿佛穿越了时空的长廊，与他并肩行走在历史的尘埃中，见证了他从寒门子弟成长为一代文宗与政坛巨擘的非凡历程。每一次翻阅史料，每一次沉浸在他的文字世界里，我都更加深刻地理解到，欧阳修之所以能够在历史的长河中熠熠生辉，不仅仅是因为他的才华与成就，更在于他那份对学问的执着、对理想的坚守，以及对世态炎凉的深刻洞察与悲天悯人的情怀。

所以这本书，既是我与欧阳修跨越千年的一次心灵对话，也是我对那段波澜壮阔历史的致敬。在字里行间，我试图捕捉并还原一个真实、立体的欧阳修：一个充满傲骨与柔情的文坛领袖，一个勇于担当、不畏艰难的政治改革者。同时我也希望通过这本书，能够让更多的读者走近欧阳修，感受他的人格魅力，学习他的精神风貌，从而在自己的人生道路上也能多一份坚韧与从容。

总之，撰写过程是纠结和不易的，但值得庆幸的是，一切挑战与收获，如今都化作您面前的这本《人活起伏：欧阳修》，它不只是对欧阳修一生经历的记录，也是我个人成长与心灵洗礼的见证。我相信，每一位翻开这本书的读者，都能从中汲取到力量与灵感，正如欧阳修那穿越时空的文字，至今仍能触动我们的心灵，激发我们对美好生活的向往与追求。愿这本书能够成为我们和先贤之间一次美好的相遇，让我们在品味欧阳修人生起伏的同时，也能反思自我、勇往直前，在各自的人生旅途中，书写属于自己的精彩篇章。

目录

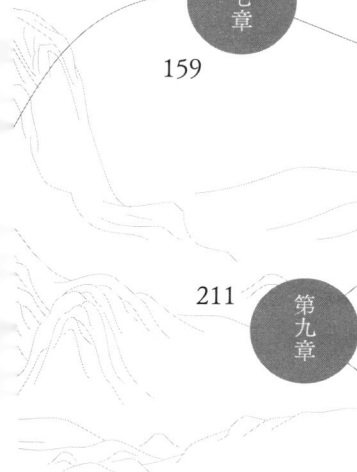

第一章 /

落榜不灰心
伯乐来助攻

谈到欧阳修，人们可能第一时间脱口而出的，就是他那句"醉翁之意不在酒，在乎山水之间也"，千百年来，这句经典语句，作为欧阳修一生的政治理想和精神写照，让后人无不对这位清醒的醉翁表示出莫大的尊敬和崇拜。欧阳修，作为北宋伟大的文学家和政治家，他一生成就斐然。作为文学家，他继承并发展了韩愈的古文理论，领导了北宋的诗文革新运动，其散文委曲顿挫，又自然流芳，开创了一代文风。作为政治家，他励精图治，更是打破陈规，不拘一格降人才，为北宋选出了譬如苏洵、苏轼、苏辙、王安石、曾巩等思想文化巨星。可以说，欧阳修一脚跨在政坛巅峰，一脚跨在文坛巅峰，北宋因为有了欧阳修而群星闪耀。

但欧阳修也并不是一位天生的圣贤，相反，他的一生非常波折。早年丧父、中年丧妻、晚年丧子，为官四十年，被贬二十载。可以说，世俗观念中那些大不幸，欧阳修都经历过。但可贵的是，他并没有因为命运的嘲弄而退缩，相反，越是处于水深火热之中，他越是热爱生活，这也是他更为让人崇敬和不朽的地方。那这位从泥泞中走出的千古圣贤，他的传奇故事是怎样的？

欧阳修于公元1007年，出生于绵州（今四川绵阳），他的父亲欧阳观，当时正在绵州任军事推官，简单来说就是州府长官的一个助理军政，主要负责审查百姓的诉讼案件是否需要向上级汇报。欧阳观出身寒微、相貌平平，关键还患有严重的眼疾，看书的时候几乎要把眼睛贴到纸上面去，才能看清楚。在考试方面，欧阳观的运气也不太好，科考落榜了好几次，直到四十九岁才中了个进士。除此之外，他性格固执倔强，所以婚姻状况也不尽如人意，在娶欧阳修母亲之前，欧阳观还有过一段婚姻。

郑氏比欧阳观小了差不多三十岁，嫁给欧阳观的时候，她刚二十出头，一个年轻的未婚姑娘，怎么会想不通，去嫁给一个二婚的糟老头子？郑氏的家族原本是江南的名门望族，可惜到她这一代，家道中落了，她的婚姻完全是听从父母的安排。刚嫁过去的时候，郑氏一看欧阳观这人，又老又丑又木讷，还对自己前头的妻儿如此冷漠，她内心非常失望难过。但相处一段时间后，郑氏发现欧阳观骨子里，其实是个清正廉洁、乐善好施的人。在绵州当官期间，他的大部分俸禄不是用来扶贫，就是请亲朋好友吃饭了，而他本来收入就不高，再加上家里的日常开支，所以用现在的话来说，他几乎是个"月光族"。

虽然日子过得不是很宽裕，但欧阳观这个人不贪。有一次，绵州当地一个财主，看上了一个穷人的一块地，就准备欺负人家，把地占为己有，两个人一路吵到公堂上。财主为了打赢官司，晚上带着一箱银钱，偷偷送去了欧阳观的府邸。没想到欧阳观看到钱之后，不仅严词拒绝了财主的厚礼，还撇着嘴把对方教育了一通，硬是把财主感化了，最后跑去向穷人道歉。还有一次，欧阳观照例在批阅案卷，妻子郑氏发现他有点反常，以往只要在工作，欧阳观是打雷也听不见的，但这次他不仅来回踱步，还一次次对着卷宗唉声叹气。郑氏就问他："你今晚怎么了？这么焦虑。"欧阳观埋头回道："这不遇到一个该判死刑的案子嘛，我想试试，给这个罪犯找一条活路，可是找一晚上了也没找到，不免着急啊！"郑氏就很疑惑："这都犯了死罪了，你干吗还要替他找活路啊？"这个时候，欧阳观抬起头，认真地说："就是因为我之前遇到太多误判，或者是被人诬陷的案子了，所以我才想在定案前，尽力为死囚找找还有没有活路，就算最后没找到，我也没什么损失嘛，也就没有遗憾了。"

欧阳修是欧阳观和郑氏的第二个孩子，在他之前，本来还有一个哥哥，可惜没满周岁就夭折了。所以欧阳修的出生，让老来再次得子的欧阳观喜出望外，他给欧阳修取字"永叔"，就是希望这个孩子"福寿绵长"。相传郑氏在怀欧阳修期间，做了一个奇怪的梦，梦见一位神仙送给她一个浑身白毛的孩子，梦醒后没几天，她身上竟然长出来很多白毛，这些白毛直到生完欧阳修才脱掉，所以郑氏一直将这个宝贝小儿子当作天赐的恩德。欧阳修的降生，不但弥合了她失去长子的伤痛，更给了她一个坚定的信念：这个孩子一定会光宗耀祖，给欧阳家族带来荣光！

可令人意想不到的是，三年后，五十九岁的欧阳观，刚上任泰州军事判官没几天，竟不幸感染重疾去世了。由于死得实在是太突然了，刚得到消息的郑氏，左手拉着年仅四岁的欧阳修，右手抱着才几个月大的女儿，整个人陷入混沌状态。欧阳观生前性格刚正，为人又大方，所以家里没有"一瓦之覆、一垄之植"。这下他人没了，家里突然断了经济来源，连吃饭都成了问题，此刻的郑氏只有一个感觉，那就是天都要塌了。

其实对于郑氏来说，当时她也不过三十来岁，改嫁对她来说是一个很好的选择。可郑氏看着蹲在地上玩泥巴的小欧阳修，又想起丈夫挑灯处理案宗时一心为民的样子，想起他吃丰盛的饭菜，却因为不能孝敬父母而痛哭的样子。她突然意识到，自己对欧阳观的感情早已深入骨髓，于是，她将小欧阳修拉到身边，对他说："此吾知汝父之必将有后也。"虽然年幼的欧阳修可能还听不懂这句话，甚至他都不一定知道发生了什么，但此刻，他的母亲已经做出了一个伟大的决定，那就是再苦再难，她也要亲自将两个孩子抚养成人。就这样，郑氏带着一双年幼的儿女投奔了丈夫远在随州做推官的弟弟欧阳晔。

郑氏投奔欧阳晔多少是有点尴尬的，自己一个寡妇要不是被逼到绝境，是无论如何也不会住到小叔子家里去的，但这至少可以让欧阳修和小女儿，暂时摆脱饥寒无依的境况。

欧阳晔虽然只是一个小小的随州府推官，但他和他哥哥欧阳观一样，也是一个非常正直和善良的人。在后来欧阳修为欧阳晔写的墓志铭中，就用"公之明足以决于事，爱足以恩于人，仁足以施其族，清足以洁其身"来形容自己的叔父。而欧阳晔的仁慈和廉洁，也让欧阳修从小就在内心埋下了"公义"二字，这种影响是润物细无声的，是持久的，他甚至成为欧阳修往后四十多年政治生涯的一个从政典范。

对欧阳修一生影响巨大的人，除了叔父欧阳晔，就是他的母亲郑氏了。叔父收入有限，加上他家里孩子也多，所以欧阳修的日子也不好过。但清苦的生活没能动摇郑氏要把孩子们培养成人的决心，她始终记得自己丈夫未完成的遗愿，她也知道只有读书，才是可怜的小欧阳修唯一的出路。

家里请不起教书先生，郑氏就自己教，买不起纸和笔，她就去河滩上砍芦苇秆，让欧阳修握着芦苇秆子在沙地上学写字。《宋史·欧阳修传》中有描述这件事，说"家贫，至以荻画地学书"，我们现在用成语"画荻教子"来形容母亲教子有方，就是从这来的。除此之外，郑氏还经常给欧阳修讲他父亲的故事和遗训，所以虽然欧阳修对父亲没什么印象，但通过母亲的讲述，他一点一点拼凑出父亲的样子，那是一位仁慈忠厚的大先生。

有一天，郑氏带着欧阳修去附近的孔庙玩耍，她惊喜地发现，庙堂里有一块石碑，上面的碑文是唐朝书法家虞世南的手迹。于是，很长一段时间里，母子俩的日常活动，有一项就是站在这块石碑前，观摩、研习书法。大概也就是从这块石碑开始，欧阳修对金石产生了浓厚的兴趣，长大之后，他宦游千里，遍访各地碑林，最终写出了我国现存最早的一部金石学专著《集古录》。这本巨著有一千来卷，如果不是发自内心的热爱，一般人是很难完成这样一个庞大的工程的。可遗憾的是，这部著述绝大部分都失传了，现在留存下来的仅有《集古录跋尾》十卷，不能不说非常可惜。

欧阳修的确没能出生在一个幸运的家庭，但他却出生在一个幸运的时代。和以往历朝历代相比，赵宋王朝是一个典型的崇尚文治的朝代。宋太祖赵匡胤虽然是武夫出身，但他酷爱读书，特别是建国之后，他很清楚马背上可以得天下，但不可治天下，所以他管理国家走的是"振兴文教"的策略。

他改良科举制度，扩大录取名额，还将朝廷的正殿命名为"文德殿"，以此来表示官方对文化教育是非常重视的。当时民间还有传闻，说赵匡胤在皇家祭祖的地方摆了一块碑，碑上面写了一句誓言："不得杀士大夫和上书言事人。"

虽然在正史里，我们没有找到这块誓碑和誓言的相关记录，但是我们回头看千年前的大宋王朝，的确是一个言论相对开放和自由的朝代。比如范仲淹，他撑太后、撑皇帝、撑宰相，再比如苏东坡，那一肚子的"不合时宜"，包括欧阳修在"庆历新政"前后，疯狂上书为革新派辩护。如果不是当时的言论环境宽松，他们几个的脑袋恐怕早就掉好几回了。总之，在宋朝前期几位创业垂统的皇帝对文化的大力弘扬下，"崇尚传统文化，埋头攻读经典"，一时间就成了宋朝的新风尚。当时"读书"是士人们一种基本的生活方式，而中国文人的数量，也是在宋朝达到了历史巅峰。

欧阳修就是生长在这样一个读书蔚然成风的时代，所以就算是生活过得特别清苦，他还是利用一切机会学习、奋进。

可以说，欧阳修的母亲郑氏、叔父欧阳晔，还有他故去的父亲欧阳观，这三个人，对欧阳修的少年时期影响深远。他们通过不同的方式，给予欧阳修精神力量，而这种精神的给养，又正是他日后能坦然面对命途坎坷的能量来源。

其实，对欧阳修产生重要影响的还有一个人，这个人就是唐朝文学家韩愈。事实上，韩愈比欧阳修大了两百多岁。韩愈一生致力于"古文运动"，他写文章的指导思想是"师其意，不师其辞"，即作文章，可以模仿前人的立意，但不要模仿他们的辞藻。比如韩愈的《师说》，就是用非常平实质朴的语言，将叙事、说理和抒情融为一体的典范之作。但是当时流行的是辞藻华丽的骈文，比如王勃的《滕王阁序》，处处引经据典，一篇文章里可以出现数十个成语，所以韩愈的文章在当时并不是主流读物。

那欧阳修是怎么突然对韩愈的东西感兴趣的呢？十岁那年，有一天他去小伙伴李尧辅家玩，李尧辅家住随州城南，是个大户人家，家里收藏了很多书，欧阳修每次去他家玩都可以趁机读上一两本书。那一天，他们一群小朋友正在捉迷藏，突然有人看见墙缝里放着一筐旧书，大家就一起把筐抬出来，将书全部倒在了院子里，这其中有一本又破又旧的《昌黎先生文集》，引起了欧阳修的注意。因为当时的欧阳修，自认为也读过不少书了，但这个昌黎先生的名字，他还是第一次看到。怀着强烈的求知欲和好奇心，欧阳修向小伙伴要走了这本残破的《昌黎先生文集》。

众所周知，韩愈被世人称为"韩昌黎"，昌黎是他的老家。欧阳修与韩愈就这样奇妙地相逢了，而这本捡回来的《昌黎先生文集》，后来竟成了欧阳修真正意义上的启蒙书。虽然它只剩下残破的六卷文稿，但韩愈清新的文风和文章中深刻、开阔的意境，为读惯了时文的欧阳修，顿时打开了一扇通往新世界的大门。欧阳修欣喜又激动地把这本书当成了宝贝，而这也成为他日后继承韩愈的理念，倡导"古文运动"的最初契机。

欧阳修天资聪慧，悟性极高，加上自身还有一股强烈的求知欲，所以小小年纪就已经能够出口成章。所作的诗赋文字，思想深刻、文风成熟。欧阳晔每次读他的文章都赞不绝口，说："这孩子非同一般，将来必然能大有作为，光大我欧阳氏门庭。"这还真是让他说中了。

宋仁宗天圣元年（1023）的秋天，十七岁的欧阳修参加了随州乡试。按照规定，考试的内容包括诗赋、经义和策论，只要他能在乡试中被录取，就可以在第二年春天，去京城参加礼部主持的省试。

考试的时候，欧阳修遇到了一个"左氏失之诬论"的考题，就是要求考生评议《春秋左氏传》中的荒诞之处。欧阳修一看这题就笑了，因为这对于早就通读好几遍《左传》的欧阳修来说，简直是小菜一碟，毫无难度。他脑子里一下出现了很多答案，比如《左传》中说"鲁昭公八年春，晋国有块石头突然说话了""鲁庄公十四年夏，郑国都城的城门边，有两蛇相斗，城外的蛇咬死了城内的蛇""鲁庄公三十二年秋，神灵在莘地降临""鲁文公二年秋，新近死去的鲁僖公和早已过世的鲁闵公，两个鬼魂竟然一大一小地出现在人们面前"等等。欧阳修并没有按照时下流行的骈体来写，而是将刚才这四个很"扯"的场景浓缩成了一句话："石言于晋，神降于莘。外蛇斗而内蛇伤，新鬼大而故鬼小。"

其实我们从这个高度概括的答案中就可以看出欧阳修深厚的文学功力和逻辑思辨力，但很可惜，他最后还是落榜了。原因竟是在赋论题中，他的诗赋押韵押得不合官方规范，这个落榜理由就跟刚才那道考题一样荒诞。

乡试失败之后，欧阳修进行了一场深刻的复盘，他其实有点不甘心，自己明知道当下流行的是辞藻优美、对仗工整的"西昆体"，还要着笔如此冒失，这不就是给自己挖坑嘛！可是，按照考试的筛选标准，就一定是正确的吗？比起后悔，此刻欧阳修的心里更多的是迷茫，他又一次拿出那本残破的《昌黎先生文集》，自问，到底该怎样做才是正确的选择呢？

慢慢地，他有了答案。当前，大家都以"西昆体"为时尚，而自己人微言轻，如果继续一意孤行，只会搞得跟这次乡试一样，坎坷而不达，况且清贫的家庭条件根本不允许他拿前途来冒险。所以，欧阳修决定"曲线救国"，先让自己强大起来，再去发扬韩愈先生的理念。他在心里暗自定下小目标："苟得禄矣，当尽力于斯文，以偿其素志。"

调整战略后的欧阳修，果然在三年后的新一轮科考中，顺利通过了随州乡试，获得了去京城汴梁参加礼部省考的资格。这年冬天，欧阳修信心满满地背着行李，从千里之外的随州出发，进京赶考了。然而，令欧阳修自己都大跌眼镜的是，他在省考中又落榜了。这次失败对欧阳修打击很大。因为之前在小小的随州，他早就是远近闻名的大才子了，可当他走出小城，跟全国考生一较高下的时候，才知道什么叫"天外有天，人外有人"。

客观地说，这次的汴京之行虽然不怎么顺利，但欧阳修还是有很大收获的，汴京的繁华让他认识到了自身的局限性。老家随州地处偏隅，贫穷落后，几百年间，未出一士，随州的文化氛围甚至还不如岭南、闽越这些边远地区。人要是卡在见识上，认知肯定也是上不去的。于是，欧阳修又做出一个决定：离开随州，外出游历。

说是游历，更贴切的说法应该是外出拜谒名士。中国历史上，从汉代开始就形成了干谒的风气。简单来说，就是文人为求得一个入仕的机会，带着自荐信，去拜谒朝中官员。这一风气在唐朝非常流行，当时文人想入仕一般有两条路，一是通过科举考试，而另一条就是干谒。王勃、李白、王维、杜甫等等，这些人都曾走过干谒这条路。

天圣六年（1028）的春夏之交，欧阳修再次出发了，他这次出行的目的地，是离随州三百里地的汉阳。为什么选择去那里呢？其实在出发之前，欧阳修提前做了点功课，他听说汉阳的最高军政长官胥偃是一个礼贤下士、深得人心的贤臣，所以把汉阳作为自己游历的第一站。为此，欧阳修一到汉阳就认真地写了一封自荐信，还选了几篇自己拿得出手的诗文，一起打包送去了胥偃的知军府，然后他就在忐忑中等待着胥偃的回音。

没想到胥偃很快就给他回信了，在信中，胥偃不仅高度赞扬他的才华，还说他在知军府备了酒菜，要款待欧阳修。欧阳修受宠若惊，大长官胥偃竟然对他这个寒门学子如此热情，他立刻就跑去赴宴了。宴席上，两人你一言我一语，越聊越投机。胥偃也是个性情中人，当他得知欧阳修幼年失怙、家境贫寒时，当场就让欧阳修搬来他家住。不得不说，欧阳修除了自身才华斐然，运气也真是不错，干谒的第一站就成功了，不像李白一生干谒多年，从李邕到裴宽，再到李京之，遇到的官吏大多是一个态度：敷衍。

而更幸运的是，欧阳修刚住进胥偃家没多久，胥偃就升官了，他被调往京城，判三司度支勾院，主管朝廷的财政支出。这样一来，欧阳修也顺势以门生的身份，跟胥偃一起去了京城。

进京之后，在胥偃的引荐下，欧阳修结识了很多社会名流，加上他自己本身又是一个学习能力很强的人，在与各种文人雅士的交际中，欧阳修的眼界和学识，都得到巨大提升。有一天下午，胥偃邀请了一帮朋友来家里聚会，喝得差不多的时候，大家乘着酒兴就起哄，让欧阳修即兴赋诗。欧阳修也很大方，没有推托：既然你们都想听，那我就来一个吧。他看着屋外刚下过雨的院子，桂树和兰花叶上面还沾着雨滴，这会儿又出太阳了，池塘里有鸳鸯戏水，枝头上有莺飞蝶舞。他顿时有感而发，提笔写下一首《小圃》："桂树鸳鸯起，兰苕翡翠翔。风高丝引絮，雨罢叶生光。蝶粉花沾紫，蜂茸露湿黄。愁醒与消渴，容易为春伤。"

　　这首诗用词非常华美，对仗极其工整，这就是当时文坛流行的骈文。欧阳修在这首诗中化用了好几个典故，比如"兰苕"出自郭璞的"翡翠戏兰苕"，"愁醒"出自《诗经》中的"忧心如醒"，而"消渴"则出自《史记》中说司马相如"口吃而善著书，常有消渴疾"这一句。所以这首《小圃》无疑是非常符合在场来宾们的审美风格的，大家互相传阅，对欧阳修的文采赞不绝口，而胥偃看着门生给自己长了脸，心里也是乐开了花。那段时间，欧阳修凭着极高的天分和才情，把诗歌和文章写得精美绝伦。各种宴会上，只要有欧阳修在，那他一定是全场瞩目的焦点，没多久，这位后起之秀，就混得风生水起、名满京城了。

　　可是，每当欧阳修独自静下来的时候，内心总有一种说不上来的怅然感，如果不是寄人篱下，不是为生活所迫，他真不愿意写这种迎合风尚的东西，一首诗，本来就只有几十个字，大家的注意力都集中在词汇要华丽、典故要多，几乎没有人关注它的立意和情感。欧阳修再一次拿出《昌黎先生文集》，将它放在了胸口，不知道从什么时候开始，这本破书就像一位老朋友一样，总是在欧阳修踌躇、摇摆的时候，给予他最大的安慰和鼓励。欧阳修其实并没有忘记理想，只是当务之急得先让自己的翅膀硬起来。

终于，天圣七年（1029）的春天，欧阳修在国子学的广文馆试中，荣登榜首。这次胜利对欧阳修来说，有惊喜但并不意外，这两年异乡漂泊的苦，也不是白吃的，回想起自己两年前，刚到汴京时的情景，欧阳修暗自庆幸，但他也知道，现在只是拿到了入场券，秋天的国学解试才是一场硬仗，通过那场考试，他才能参加礼部的省试。

果不其然，在国学解试中，欧阳修再次以第一名的成绩拿到了省试资格。看到成绩的那一刻，他激动得差点哭出来，这一路走来，吃了多少苦，受了多少委屈，只有自己知道……他虽激动却丝毫不敢懈怠，因为后面还有两关要闯，那就是来年春天的礼部省试和皇帝殿试。

离成功只差最后一步了，欧阳修几乎处于一个"拼命式"苦读的状态——在《晓咏》这首诗中，他说："帘外星辰逐斗移，紫河声转下云西。九雏乌起城将曙，百尺楼高月易低。露裛兰苕惟有泪，秋荒桃李不成蹊。西堂吟思无人助，草满池塘梦自迷。"就是说他在书房看书，一直看到天亮，一开门，深秋的早晨，外面不免有几分萧瑟，但他的内心却非常愉悦，脑子里全是对未来美好的憧憬。

转眼大考就来了，天圣八年（1030）的三月，欧阳修再次踏入考场。考赋试的时候，他翻开卷子一看，考题是《司空掌舆地之图赋》。司空是古代的官职名称，舆图就是地图的意思。欧阳修将题目仔仔细细审了一遍，突然发现有点不对劲，赋题是出自《周礼》，但是周代和汉代都有"司空"这个职位，那这道题到底是要我们写周代司空，还是汉代司空呢？按照当时的考场规则，考生如果有疑问是可以去主考官那询问的。这一届考试的主考官又是谁呢？就是有着"太平宰相"之称，写下"无可奈何花落去，似曾相识燕归来"的资政殿学士晏殊。开考之后，的确有不少考生都跑去晏殊那提出各种问题，但问的却都不是晏殊想要的，他不免对这届考生有点失望。突然，一个"目眊瘦弱少年"——面黄肌瘦的欧阳修来了，他说："考官大人您看一下，这题目没有出清楚啊，到底是要我们写周代司空还是汉代司空呢？"晏殊一听心中暗喜，他等的问题终于来了，于是，他对欧阳修说："小伙子不错啊，今天这个考场中，只有你一个人真正看懂了题目。"结果可想而知，这次省考欧阳修又是一举夺魁。

至此，欧阳修的科考闯关之路已经获胜了一大半。一年之内，从监元、解元到省元，三登榜首的欧阳修可谓是意气风发，大家也都非常看好这位青年才俊。两个月后就到了殿试的日子，四百零一位省试合格的考生都来到崇政殿，由宋仁宗亲自出题考核。考题对于满腹经纶的欧阳修来说都不是很难，但是在考到一篇《藏珠于渊赋》的时候，欧阳修竟然借题发挥，批评起当时朝野上下弥漫的奢靡之风，他直接指出："上苟贱于所好，下岂求于难得。"意思是大家都会上行下效，所以统治者的好恶会深刻地影响整个社会的风气。在这种巅峰对决的关键时刻，欧阳修尚且言辞尖锐、观点犀利，可以从中预见，他日后立于朝廷直言不讳的样子。

殿试结束后，大家一致觉得这状元非欧阳修莫属了，就连少年老成的欧阳修自己也美滋滋地偷偷跑去做了一身新衣服，准备殿试公布名次的那天，穿着去大放异彩。可不出意外的话，意外就来了。就在唱名的前一晚，他们几个同届考生在一起聚会，其中有一个叫王拱辰的小弟弟，刚满十九岁，他调皮地把欧阳修的新衣服套在了自己身上，还一边跑一边笑着喊："穿这件衣服的人，就是状元了。"王拱辰的初衷只是想调侃一下欧阳修，但没料到他一语成谶，第二天殿试名次一公布，王拱辰竟然真的获得了第一名，而欧阳修呢，不前不后地排在了第十四名。

虽然没有中状元，但毕竟也是金榜题名了，遗憾之余，欧阳修更多的还是欢喜，这一年欧阳修二十四岁，至此，他终于可以赚钱养家，还可以大胆追求自己的文学理想了！再看看这边胥偃府中也是张灯结彩，这是为何？在宋代，一直就有"榜下择婿"的传统，更何况欧阳修和胥偃之间还有着一层深厚的师生关系，那欧阳修就自然成了胥家的乘龙快婿。

接下来的日子除了贺喜还是贺喜，欧阳修一整个脸都笑麻了，他尽情地享受着自己用努力换来的成功。在《玉楼春》中，他用"酒美春浓花世界，得意人人千万态。莫教辜负艳阳天，过了堆金何处买"来形容此刻春风得意的大好心情。

不久，朝廷的任命下来了，欧阳修的第一份工作是西京留守推官，这是实职。欧阳修打算先回随州待一段时间，然后带上母亲一起去西京洛阳赴任。至此，欧阳修算是正式踏入了北宋的官场。仕途、诗途，后面究竟会有怎样复杂和传奇的经历在等着欧阳修呢？

附：　半亩诗田

《百家讲坛·一代文宗欧阳修》字幕古文内容摘录

■　公之明足以决于事，爱足以恩于人，仁足以施其族，清足以洁其身。
　　　　——欧阳修《尚书都官员外郎欧阳公墓志铭》

■　石言于晋，神降于莘。外蛇斗而内蛇伤，新鬼大而故鬼小。
　　　　——欧阳修《左氏失之诬论》

■　苟得禄矣，当尽力于斯文，以偿其素志。
　　　　——欧阳修《记旧本韩文后》

■　桂树鸳鸯起，兰苕翡翠翔。风高丝引絮，雨罢叶生光。蝶粉花沾紫，蜂茸露湿黄。愁醒与消渴，容易为春伤。
　　　　——欧阳修《小圃》

■　帘外星辰逐斗移，紫河声转下云西。九雏乌起城将曙，百尺楼高月易低。露裹兰苕惟有泪，秋荒桃李不成蹊。西堂吟思无人助，草满池塘梦自迷。

——欧阳修《晓咏》

　　■　上苟贱于所好，下岂求于难得。

——欧阳修《藏珠于渊赋》

　　■　酒美春浓花世界，得意人人千万态。莫教辜负艳阳天，过了堆金何处买。

——欧阳修《玉楼春·酒美春浓花世界》

第二章

职场逢知己

三载乐无忧

○

欧阳修出身孤寒，经过青灯黄卷十几载，好不容易熬得金榜题名。从朝廷为新科进士举办隆重的"闻喜宴"那一刻开始，逆袭成功的欧阳修也就开启了他的人生新篇章。

洞房花烛夜，金榜题名时，我们平常说的"人生四大喜事"，此时的欧阳修已经占了两样，而更幸运的是，在接下来的这段新生活里，另外两件人生大喜事也将降临到他身上，那就是"久旱逢甘雨"和"他乡遇故知"。

欧阳修中进士后的第一份工作，是西京的留守推官。西京就是现在的洛阳，宋朝当时的都城在汴梁，也就是现在的开封。而洛阳作为陪都，被大家称为西京。到了宋真宗时代，西京洛阳已经发展成仅次于汴京的政治、经济和文化中心，全国各地的富商和才子都云集于此。所以，当欧阳修带着母亲和妻子来到洛阳，看到这一派繁盛的景象，他觉得自己初入仕途，就能在这样一个又富庶又有历史文化积淀的地方工作，真是撞大运了，而更让他觉得幸运的是，在这里，还遇到了一群志趣相投的良师益友。

第一个出场的人物是梅尧臣。

其实欧阳修之前由于家境贫寒，又寄人篱下，一心一意的求学历程已经耗费了他全部的心力，根本没有多余的闲情逸致去交朋友。可现在不同了，他逆袭了。这天，欧阳修穿着新官服，走在去单位报到的路上，按规定，他要先去拜谒一下自己的直属领导钱惟演。一路上，欧阳修是春风得意马蹄疾，心情非常愉悦，沿途的山山水水看起来都是那么清新可爱，不知不觉他已经走到了伊水河畔，这个时候他突然听到松竹林里有人在吟诗："修禊洛之滨，湍流得素鳞。多惭折腰吏，来作食鱼人。水发黏篙绿，溪毛映渚春。风沙暂时远，紫线忆江莼。"这首诗，写景叙事、直抒胸臆，跟时下流行的"西昆体"迥然不同，欧阳修听后，心里竟生出一种"清水出芙蓉"的素雅之感，虽然只闻其声，不见其人，但欧阳修实在忍不住拍手大赞起来。这时才从竹林后面走出来一个身材高大、眉清目秀的男子，而这个人就是新上任的河南县主簿梅尧臣。

欧阳修和梅尧臣都算是西京留守属下的同事，又都是刚来的，所以两人一见如故，立刻热络地聊了起来。聊天中，欧阳修发现梅尧臣对文坛风尚的见解，竟然跟自己的观点非常一致，于是他更觉得两人相见恨晚啊。这个时候，梅尧臣突然说："既然咱俩这么投缘，不如一起去爬香山吧。"欧阳修一听，举双手赞成，此刻他已经把自己第一天上班要去报到这事，彻底给忘了。

正是这次戏剧性的相遇，开启了欧阳修和梅尧臣终生不渝的友谊。在后来很长的一段时间里，他俩相约游历在西京的各大山林间。直率的欧阳修经常跟梅尧臣探讨诗文，而梅尧臣的洒脱和真挚，也深深地感染了欧阳修。就在他俩这种日常的喝酒赋诗和高谈阔论中，一个崭新的文学时代已悄然降临。

接着，欧阳修初入职场中第二个重要人物就要出场了，这个人就是欧阳修上班第一天忘了去拜谒的钱惟演。

钱惟演是吴越王钱俶的儿子，他追随父亲归顺宋朝。钱惟演当时的口碑，其实并不是太好。主要是因为宋真宗在位期间，他为了攀皇亲，将自己妹妹嫁给了刘皇后（刘娥）的哥哥刘美，后来宋仁宗即位，按照宋真宗的遗诏，刘皇后变成了皇太后，垂帘听政，而钱惟演又依仗刘太后的势力，官至枢密使，相当于现在的国防部部长。但钱惟演还不满足，他多次在亲朋好友面前公开表示："平生不足者，不得于黄纸书名。"他觉得自己的官还不够大，因为枢密使比不上宰相，不能在黄色的诏书上署自己的名字。

可以看出，钱惟演这个人野心勃勃，他的目标是奔着当宰相去的。但有意思的是，这么一个善于钻营的政客，在家里却是一个特别节省，又很单纯的人。钱惟演家世代为官，经济条件可以说是非常优渥的，但他亲自管理着家里的每一项开支，事无巨细，能省则省，一年到头，家里的孩子几乎分不到一点零花钱。这种情况下，孩子们就动起了歪脑筋，钱惟演的书房里有一个珊瑚做的笔格，有一次，他儿子趁他不在家，就将笔格拿走藏了起来。而让人意外的是，钱惟演发现自己的宝贝笔格不见了之后，竟公开赏金十千钱来寻它。儿子一看父亲开出的赏金，比他倒卖笔格的价钱高多了，就假装找到笔格，还了回去，钱惟演也言而有信，很爽快地给了钱。说到这可能大家都会奇怪，儿子这种贼喊捉贼的把戏，是个明眼人都看得出来，为何偏偏城府颇深的钱惟演会深信不疑呢？可能并不是他看不透，而是他懒得去琢磨，面对家人，他虽然节俭，但更多的是无条件信任。

　　除了政客和父亲，钱惟演还有一个身份，那就是一个书不离手的老学究。他是欧阳修深恶痛绝的"西昆体"的研发者之一，当时他作为太仆少卿直秘阁，参与了大型史书《册府元龟》的编纂工作。其间他将平时跟同事们唱和的一些诗歌，集结成了一本《西昆酬唱集》，后来就演变成了风靡一时的西昆体，而钱惟演被人们称为"西昆三魁"之一。

为什么欧阳修那么讨厌"西昆体"呢？是因为"西昆体"的特点是语言精丽又繁复，词句中典故堆砌，虽然在一定程度上，体现出对"形式美"的追求，但欧阳修认为，这种文体是形式大于内容，初读富丽堂皇，再读内容空洞。值得一提的是，作为西昆体创始作家，钱惟演却并没有强制推行这一体式下的诗文，相反他还很爱惜人才，礼贤下士。欧阳修工作一段时间后发现，抛开政治成见不说，钱惟演这个领导是真不错，他一不画饼，二不折腾下属，甚至还会鼓励大家搞文艺创作。他在任期间跟通判谢绛一起，为文士们提供了一个宽松、自由的文化环境。人是复杂的，这种复杂性在钱惟演身上，可以说是体现得淋漓尽致。

而谢绛就是欧阳修在西京朋友圈里的第三个重要人物。谢绛,字希深,三十七岁,是梅尧臣的大舅子。谢绛这个人性格开朗,非常健谈,而且他形象也不错,气质清雅。诗词也写得很好,用欧阳修的话来说,是"尤得其体"。

第四个重要人物是尹洙。尹洙比欧阳修大六岁,他师从穆修,却青出于蓝胜于蓝。作为古文运动的倡导者之一,尹洙主张文章简约明快,言之有物。欧阳修初见尹洙时,他在当地已经是小有名气了,其创作风格对欧阳修影响很大。

有一年,洛阳城新建了一座大酒店,酒店分为两个阁楼,钱惟演给这两个楼分别取名为"双桂楼"和"临辕阁"。竣工典礼那天,他带着一众下属去现场剪彩,剪完彩,兴致高涨的他就给自己的三名爱将——谢绛、尹洙和欧阳修布置了一个小任务,叫他们回去将当天的见闻写一篇记文,限时三天,三天之后各自带文章来府衙"一决高下"。

这三个人回去都很快就写好了。他们也个

个都是人精，文章写好第一件事不是上交，而是私下互相传阅，都想先看看别人是怎么写的，然后自己赶在"比试"之前，再润色提高一下。这不看不知道，一看就看出了高低，欧阳修和谢绛都洋洋洒洒地写了五百多字，而尹洙的文章只有三百八十个字，却陈述清晰，逻辑严密，让欧阳修和谢绛顿时觉得自己的文章差太多，于是他俩一致决定不交稿了，免得丢人。

果然三天后，只有尹洙一个人交卷，钱惟演很不高兴，说："我都已经给你们准备了大米当奖励，你们俩怎么能把我的话当耳旁风呢？"欧阳修和谢绛一看，领导好像真的生气了，才半推半就地拿出自己的文章。

事后，欧阳修又开始复盘，他觉得自己太不自信了，当然文章水平也确实有限，思来想去，欧阳修当晚就带了一壶酒跑去尹洙家，准备向他讨教点经验。尹洙这个人也很实在，见欧阳修大半夜的来了，他说："写古文最忌讳的是立意不高字还多，你和谢绛的文章格调是有的，就是字太多了。"尹洙的这番言论让欧阳修受益匪浅，他回家之后，立即重写了一篇文章，这次他缩减篇幅，字字珠玑，最后的成文竟然比尹洙那篇还少了二十多字。而这件事也让尹洙对欧阳修刮目相看，他逢人就说："欧阳修的进步真是一日千里啊！"

除了刚才我们说的梅尧臣、钱惟演、谢绛、尹洙这几位，欧阳修的西京朋友圈里还有尹洙的兄长尹源、钱惟演的儿子钱暄、后来成为一代名相的富弼，以及文思敏捷的杨愈和杨辟兄弟等人。这些人都是正好赶上了宋朝最繁荣最昌盛的时期，朝廷和地方郡府都没什么特别棘手的事情要做，所以他们工作之余，有足够的闲暇时间来切磋诗文，慢慢地，他们就形成了一个品味高雅、悠闲自在的文人群体。

所以，在西京那几年，欧阳修干得最多的不是工作，而是跟朋友们游山玩水、饮酒赋诗，他用"平时罢军檄，文酒聊相欢"来形容这段精彩又充实的生活。这期间，欧阳修的文才是越来越出众，他钻研的领域涉及经学、文学、史学、金石考古等等，知识结构不仅庞大还非常深厚，而这些才识，奠定了他日后用文化开拓事业的坚实基础。

转眼间，就到了第二年的三月，在江南有"烟花三月下扬州"的习俗，而在西京则是"三月牡丹值千金"。一到牡丹花开时节，洛阳大街小巷的花市比菜市场还多，男女老幼，个个簪花为饰。欧阳修也沉醉在这牡丹的娇艳中，他写下"少年意气易成欢，醉不还家伴花寝"，来表达当时自己花团锦簇的悠闲生活。可是花开总有花落的一天，在牡丹的花开花落之间，欧阳修体悟到一种世界万物盛衰变幻的怅然之感，于是他又写下一首《玉楼春》："残春一夜狂风雨，断送红飞花落树。人心花意待留春，春色无情容易去。"当然，我们不能将这看成林黛玉"葬花"式的触景伤情，在欧阳修心里，更多的是一份"时不待人"的危机意识，一种冷静和自省。

欧阳修是的确喜欢洛阳这座城市，他更喜爱

城里的牡丹，在他即将任满离开西京前，还特地为牡丹写了一本书，叫《洛阳牡丹记》，这本书分为《花品序第一》《花释名第二》和《风俗记第三》三部分，书中不仅详细讲述了各种牡丹的特色和名字由来，还描述了洛阳赏牡丹的风俗以及牡丹的种植方法，是我国现存最早的关于牡丹系统的专著。总的来说，牡丹花和洛阳城，都出现在欧阳修这一生最美好的一段年华中，成为他这段明媚人生的纪念。所以，在欧阳修后来的很多诗文中，多次出现了牡丹花这一意象，从某种程度上说，牡丹已经成为美好、活力、青春岁月的象征。

西京三年，对欧阳修的散文创作也产生了一锤定音的重要作用。这期间，在好朋友的帮助下，他找到了自己那本《昌黎先生文集》缺失的部分，这让他感觉到冥冥之中好像一切都是注定的，所以他更是下决心要追随韩愈先生，学作古文。

其实当时文坛，也并不是只有欧阳修抱有复兴古文的愿望，自宋朝建立以来，复兴"古文"

的思潮一直是此伏彼起的。比如柳开、王禹偁等人就公开表示，"五代体"浮艳又空泛。孙复、石介、穆修等人，甚至直接说西昆体不行。但冰冻三尺，非一日之寒。古文运动兴起于中唐时期，在柳宗元、韩愈等第一批领军人物相继去世后，古文也就式微了，取而代之的，是华丽工整的骈文。骈文占据主流的时间也不短了，所以要想扭转局面，复兴古文，并不是呼吁几声就能搞定的，机会和压力就都给到了欧阳修这一拨新生代这边。

在这样良好的创作氛围中，欧阳修的确迎来了他散文创作的小高峰，那段时间，他灵感迸发，对身边一切都有着敏锐的感受，哪怕是庭院里的一棵树、一条鱼，也可以让他有感于怀。比如他有一次带了几个助手去给一座园子除草，到了才发现，园子里有一棵樗树和一棵杏树，两棵树看上去都有年纪了，树枝把园子给挡了一半，欧阳修决定砍掉其中一棵，但是砍哪棵好呢？他先走到樗树下，一看这棵树不仅木质疏松，树干还长得又歪又肿，好像没什么用处，他再摸摸旁边的杏树，不仅木质坚密，而且看上去快要结果了，于是他二话没说，就把樗树给砍了。回去之后，他又开始琢磨这件事，想着想着就联想到了庄子。有一天庄子上山砍柴，光砍枝叶繁茂的大树，而留下一堆歪瓜裂枣的小树，别人问他原因，庄子就说"无所可用""此木以不材得终其天年"，就是说正因为这树不成材，它才得以逃过一劫。庄子这个相反的选择，让欧阳修突然得到一些感悟，他赶紧写了一篇《伐树记》，在文中说："凡物幸之与不幸，视其处之而已。"就是说事物的遭遇，不在于它本身有没有用，而在于它与所处环境之间的关系。这篇文章借事喻理，生动地表达出欧阳修"适才"的观点。

在河南府官署的西边，欧阳修还有一间办公室，他给这间屋子取名为"非非堂"，还为它写了一篇记文。那欧阳修为什么要取这么一个奇怪的名字呢？在记文《非非堂记》的开篇，欧阳修用了三个比喻，来说明内心平静的重要性，他说："权衡之平物，动则轻重差，其于静也，锱铢不失。水之鉴物，动则不能有睹，其于静也，毫发可辨。在乎人，耳司听，目司视，动则乱于聪明，其于静也，闻见必审。"意思是一杆秤只有平稳的时候，才能称准重量，水面也只有平静的时候，才能照出事物真实的样子，而人的视听，也只有在内心没有杂念的时候，才能明辨一切。

那人要如何才会心静呢？欧阳修接着说："处身者不为外物眩晃而动，则其心静，心静则智识明，是是非非，无所施而不中。"概括起来，就是说我们不要被外物所影响，心静就可以辨别是非。所以"非非堂"这个名字，就是因为欧阳修认为在"是与非"的问题上，批评比表扬更重要，因为言行正确，本来就是君子做人的本分，而纠正错误才能扶植正气。这也正是"非非堂"名字背后，欧阳修的用意了。

其实欧阳修的这种清醒、冷静和灵动的思维观念，已经预示着一位贤者正在慢慢自我觉醒。并且他的这种觉醒是向内求的，他要打破外在既定的束缚，回归自然，回归本心。而这一切努力，都在默默地、无间歇地进行着。这才是真正的清醒，也正是欧阳修这种自给自足的觉醒，将会帮他度过往后人生中的惊涛骇浪。

当然，欧阳修也有可爱的一面。这从他和梅尧臣等朋友的交往中可以看出。梅尧臣是安徽宣州宣城人，比欧阳修大五岁，三十出头的他精力旺盛，不仅长得帅，还巨有才、会朗诵、会来事儿。有一次，梅尧臣与一帮朋友在庭院里乘凉，闲谈中他突然提议说，不如我们来效仿古人，按照各自的性格和特长，给每个人取一个雅号可好啊？此言一出，大家一致拍手叫好。首先是梅尧臣，大家认为他志行高洁，文辞又趋于清丽，所以给他取号"懿老"；第二个是尹洙，尹洙无论是口才还是文才，都长于辩论，所以他得号"辩老"；而那天欧阳修正好有事没来，但他人缘不错，大家一致认为也要送他一个雅号，按照他豪放旷达的为人和超群的才华，大家给他取了"逸老"一名。

聚会结束后，梅尧臣特地给欧阳修写了一封信，告诉他这件事。没想到欧阳修一听说自己得了个"逸老"之名，心里不高兴了，他认为这飘逸的"逸"，有安逸放纵的意思，这立刻让他想到一件尴尬的事情。去年在一次宴会上，他因为与歌伎约会，迟到了一个时辰，搞不好朋友们是在取笑他这件事。敏感的欧阳修越想越难堪，于是，他立即给梅尧臣写了一封言辞激烈的信，说大家给他取名"逸老"，是看不起他这个"忘本"的乡巴佬，所以他拒绝这一称号。梅尧臣一看，欧阳修还来真的，上纲上线了，赶紧回信好一顿解释。欧阳修很有意思，他趁热打铁，顺势说自己更适合"达老"这个称号，并且专门叮嘱梅尧臣，把这些讨论的信件都烧了，这样别人才会相信"达老"这个称号是朋友们给他取的，而不是他自己要来的。

其实，从这一字之"争"中，可以看出欧阳修的敏感和机警，青年时期的他，已经懂得爱惜自己的名声了。可以说，在他们这个"小圈子"

中，欧阳修是最积极突破原有认知、打破固有思维的人。

都说天下没有不散的筵席，梅尧臣突然接到诏令，他要被调走了，去河阳县任主簿。河阳与西京虽然相距不远，但大家都是有工作的人，所以往来肯定是不如之前那么便利了。梅尧臣要走，欧阳修的送别文自然是少不了的，他写下一篇《送梅圣俞归河阳序》，说："天子之西都……其亦珠玉之渊海欤！予方据是而择之，独得于梅君圣俞……"在这篇文章中，欧阳修将梅尧臣比作难得的珠玉，并且在此后的三十年里，他始终视梅尧臣为美玉至宝，可见欧阳修对他的钦佩与认可。

就在梅尧臣调任的第二年夏天，汴京皇宫里发生了一件大事。宫里着了大火，烧毁了八座宫殿。为了修复这些烧坏的房子，朝廷下令全国各地供给建筑材料，而欧阳修所在的西京洛阳盛产竹子，于是官员们都跑来，砍竹子回去邀功。当时人人拿着镰刀斧子，不论是公家的竹子，还是私人的，见竹就砍，砍完为止。这把欧阳修气得不行，他写了一篇《戕竹记》，来痛斥官员们这种不分青红皂白的乱砍行为。他在文章最后强调："天子有司所当朝夕谋虑，守官与道，不可以忽也。"意思就是，皇上和各大官员，应该每天都要考虑自己的职责和道义问题，千万不可忽视。

其实欧阳修这话说得非常危险，他批评官员们也就算了，还直接点名"天子"，这种耿直的性格要说起来，还真是随了他爸欧阳观。欧阳观也是对自己认定的真理，有一种不计后果的偏执，这种偏执看上去是迂腐，是不识时务，但换一个角度来说，这也是爱民如己，对国家长远发展的一片赤诚啊。《戕竹记》是欧阳修仕途与文坛起步之初非常重要的一篇代表作，从这篇文章中，可以隐约看到一个关注时事、为民请愿，热诚且真切的欧阳修了。

人们都说，人生是有起有伏的，有绝顶高峰肯定就有低谷深渊，此时的欧阳修还不知道，巨大的灾难即将降临到他的身上。当时东都汴京，

正在紧张地修葺被火烧毁的宫殿，欧阳修被临时
抓包参与到西京建筑材料的供给项目中，整天忙
得焦头烂额。好不容易这边忙差不多了，又赶上
全国闹旱灾和蝗虫灾害，他又被抓包去视察河南
府各属县，就这样忙忙碌碌地搞了一个冬天。而
此时，他的妻子，也就是胥偃的女儿，正怀孕在
家，他当然也没有时间照顾。

　　一转眼到了第二年的春天。那一天，欧阳修
出差，顺道去了趟随州，看望叔父欧阳晔。就在
他回程路上，收到一封急报，说他的妻子生了一
个男孩，这本来是件大喜事，可妻子生完之后，
虚弱至极，以至于生命垂危了。欧阳修一看这可
不得了了，他日夜兼程赶回家，可还是没能留住
妻子，几天后，年仅十七岁的胥氏就这样走了。
妻子的突然离世让欧阳修痛不欲生，深陷丧妻
之痛的他，再看那些文章和书籍，是一点兴趣
都没有了，什么都比不上朝夕相处的夫妻情分
来得深切。

　　此后，几乎有一年的时间，欧阳修都沉浸

在对结发妻子的追忆中，而这一年的西京，也在不断上演着离别的戏码。同一年，朝廷里的刘太后刘娥去世了，宋仁宗终于得以亲政。钱惟演是站刘太后那一队的，所以太后走了，他自然也就受到了弹劾，成了一个贬官。钱惟演被贬去了欧阳修长大的地方，那个偏僻落后的湖北随州，真是命运弄人啊，谁也没想到，欧阳修和钱惟演之间，会以互换人生起点和终点的方式离别，再见面，两人都唏嘘不已。

就在钱惟演走后不久，谢绛等一帮好友也先后任满，离开了西京。曾经热闹的朋友圈，差不多就只剩下欧阳修一个人了，他的心情难免会受影响。

很快，新的西京留守来上任了。这位新领导叫王曙，字晦叔，他是宋朝著名宰相寇准的女婿。王曙这个人的性格与钱惟演正好相反，他行事严谨，品格方正，在朝廷内外，名声都很好，所以他来了之后，一切都是公事公办，要求大家上班下班，准时考勤打卡。这可让自由散漫惯了的西京留守府的这些士人们，很是崩溃，非常不适应。

面对大家的不适，王曙一本正经地说，各位知不知道英名一世的寇莱公寇准，他是怎么晚节不保的？就因为奢华享乐，饮酒过度，才给自己招来了贬官之祸，最后客死他乡！大家听完，都低着头不敢吱声，只有欧阳修噌的一下站了起来，说："不对呀，依晚辈的看法，莱公之祸，不在杯酒，在他老不知退而已！"这话一出，搞得王曙巨尴尬，因为王曙这个时候已经年过七十，而且位高权重，在场的是个明眼人都看得出来，欧阳修这是话中有话，在讽刺王曙占着坑位，老而不知退啊。不过，老有老的好，王曙真是一位有胸怀的领导，他居然没有生气，因为在他看来，眼前这个小伙子懵懂无知、口无遮拦，不跟他一般见识。但接下来发生的一件事，就彻底改变了王曙对欧阳修的看法。

有一次他们抓到一个逃兵，按理来说，逃兵直接判死刑就完了，但欧阳修却继承了他爸欧阳观的工作风格，左审右审，就是不结案。王曙在一边急了，说这种没有争议的案件，欧阳修你在墨迹什么呢？不料欧阳修连头都没抬，直接回怼道："此案倘由相公亲自处理，尽可将他斩首，现在既然是由下官负责，恕难从命！"把王曙弄得十分尴尬，下不了台。按理说欧阳修这直脾气，一次又一次公然顶撞上司，搁一般人早完蛋了，但他就是福大命大，遇到的王曙是一个能忍的官场老手。几天后，没想到这个逃兵果然有隐情，罪不至死。所以当王曙听到这个消息的时候，不禁暗自擦了一把汗，幸亏有欧阳修拖延了一下，不然自己也跟岳父寇准一样，晚节不保了。

王曙和欧阳修共事的时间不过两个多月，但欧阳修的刚直敢言和宅心仁厚，给他留下了深刻的印象。后来王曙被调回京任枢密使了，临走时，他非常郑重地对欧阳修说："朝廷最近有新规定，大臣可以举荐德才兼备的人，去考学士院。待老夫回京，定当为你保奏。"虽然不知道这话靠不靠谱,但欧阳修听后,还是很感动的,自己屡次冒犯,结果人家不仅不计前嫌,还要举荐自己,欧阳修这是因祸得福啊。

可另一边,他的好朋友梅尧臣,就没有那么幸运了。那年的省试,名声远扬的梅尧臣竟然落榜了,更让欧阳修愤愤不平的是,很多他熟悉的,学问远不如梅尧臣的人,却都考上了。当欧阳修得知负责科考的人,正好是自己的岳父胥偃和翰林学士章得象时,他恨不得立刻写信,跟胥偃理论一番,但最后他忍住了,没有写。一是他也怕万一是梅尧臣自己临场没发挥好,二是考虑到妻子的离世,胥偃多少对他还是有些怨念的。其实从这个时候开始,欧阳修行事上,较之前已经成熟很多了。但这件事也让欧阳修开始质疑当时的科举考试对人才选拔的合理性。后来他大刀阔斧改革科考制度,估计就是从这会儿埋下的种子。

这次科考失利,对梅尧臣的打击是致命的,他已经三十二岁了,这是第几次落榜,连自己都数不清了，屡次失败已经让他身心俱疲。梅尧臣此后一生再也没有参加过科举考试，直到五十岁，他才由宋仁宗赐同进士出身，就类似于一个名誉进士，一辈子没名没分，只能到官府里去做做顾问，很是凄凉。

梅尧臣的境遇让欧阳修既惋惜又感慨，他没想到自己最好的朋友，最有创造力的哥们儿，竟成了科举制度的牺牲品和反面教材。此时的欧阳修经常孤独地走在西京寒冷的大街上，想到亲朋好友们的相继离去，一种悲怆感油然而生，于是他写下了一首《浪淘沙》："把酒祝东风，且共从容。垂杨紫陌洛城东。总是当时携手处，游遍芳丛。   聚散苦匆匆，此恨无穷。今年花胜去年红。可惜明年花更好，知与谁同？"人生啊，为什么总是充满了悲欢离合呢？这个问题，欧阳修自己也没有答案。

很快，欧阳修的任期也要满了，西京三年，与师友相伴，他度过了一生中最畅快的三年。在这三年中，他迈出了自己文学历程的第一步。但或许真的是自古"文章憎命达",也是在这三年里,他失去了发妻,失去了自己的小家庭,而这成了他一生都无法释怀的遗憾与伤痛。然而,花自向阳开,人终究要向前走,欧阳修也将背负着他的理想和使命,继续前行。前路漫漫,又将有什么惊喜在等着欧阳修呢?

附: 半亩诗田

《百家讲坛·一代文宗欧阳修》字幕古文内容摘录

- -

■ 修禊洛之滨,湍流得素鳞。多惭折腰吏,来作食鱼人。水发黏篙绿,溪毛映渚春。风沙暂时远,紫线忆江莼。

  ——梅尧臣《上巳日午桥石濑中得双鳜鱼》

■ 平时罢军檄,文酒聊相欢。

  ——欧阳修《七交七首·自叙》

■ 少年意气易成欢,醉不还家伴花寝。

  ——欧阳修《送张屯田归洛歌》

■ 残春一夜狂风雨，断送红飞花落树。人心花意待留春，春色无情容易去。

　　　　　　——欧阳修《玉楼春·残春一夜狂风雨》

■ 凡物幸之与不幸，视其处之而已。

　　　　　　　　　　　——欧阳修《伐树记》

■ 权衡之平物，动则轻重差，其于静也，锱铢不失。水之鉴物，动则不能有睹，其于静也，毫发可辨。在乎人，耳司听，目司视，动则乱于聪明，其于静也，闻见必审。

　　　　　　　　　　　——欧阳修《非非堂记》

■ 处身者不为外物眩晃而动，则其心静，心静则智识明，是是非非，无所施而不中。

　　　　　　　　　　　——欧阳修《非非堂记》

■ 天子之西都……其亦珠玉之渊海欤！予方据是而择之，独得于梅君圣俞……

　　　　　　　——欧阳修《送梅圣俞归河阳序》

■ 天子有司所当朝夕谋虑，守官与道，不可以忽也。

　　　　　　　　　　　——欧阳修《戕竹记》

■ 把酒祝东风，且共从容。垂杨紫陌洛城东。总是当时携手处，游遍芳丛。　聚散苦匆匆，此恨无穷。今年花胜去年红。可惜明年花更好，知与谁同？

　　　　——欧阳修《浪淘沙·把酒祝东风》

第三章 /

仗义执言
仕途受阻

欧阳修在西京留守府，开启了自己的仕途。西京三年虽说闲适，却是他在文学创作上最繁忙的阶段。他尽情汲取着身边师友们的智慧，由此，自己的思想和精神境界都有了质的飞跃。而接下来，欧阳修将要触碰冰冷的现实了，因为他正在一步步走进权力的核心。

宋朝的官差在任满之后，都会先过一个缓冲期，再上任新的官职，这个缓冲期，就像现在的学生放暑假一样。欧阳修难得有一个长假，就带着母亲从洛阳出发，去了河南襄城，看望自己的妹妹和妹夫，一家人难得团聚，欢欢喜喜地过了几天舒心日子。两个月后，欧阳修的新任命下来了。

此前，前任西京留守王曙，临行时曾承诺要

举荐欧阳修，他果然靠谱，说到做到。当时朝廷宣布，要为馆阁选拔一批人才，身为枢密使的王曙，毫不犹豫地推荐了欧阳修，让他成为馆阁的预备成员。

馆阁是干什么的呢？在宋朝，有史馆、昭文馆和集贤院这三馆，后来又设立了秘阁、龙图阁等机构，它们合称为"馆阁"。馆阁里的官员，主要负责修史、藏书、编书和校书工作。馆阁不但提供图书，还提供"智库"，也就是说馆阁在全国选拔出各类贤俊，让他们成为储备力量，以便朝廷随时咨询访问。当时很多高级官员，甚至个别宰相，都是出自馆阁。进了馆阁，就等于进了朝廷的"核心圈"，所以当时很多杰出才俊，都对这个地方趋之若鹜，只是进馆阁之前，还得通过一个学士院的考试。于是，欧阳修赶紧收拾行李，自己先前往汴京，赶考去了。

学士院的考试，同样是全国性选拔，难度一点不比科考小，对于能不能考上，其实欧阳修自己心里也是没底的。他在汴京找了一间小客栈住下，进入了疯狂的"复习模式"。读书之余他还有一大爱好，就是不停地给朋友们写信。偏偏这个时候，他身上又长了一个巨大的毒疮，疼得他一个月都下不了地，但即使这样了，他依然要在信中跟朋友们唠叨个不停，大家对他是又爱又怕。

欧阳修自己爱写信也就算了，他还要批评那些不写信、不交流的朋友，富弼就是其中的一个。当年分别的时候，就数富弼最伤感，一再交代大家要保持联系，结果他自己走了之后，杳无音信。一想到这，欧阳修就气不过，他提笔给富弼写了一封信去埋怨他，说你富弼不讲信用，要大家多联系，结果你自己一扭头就消失了，这算是怎么回事啊？

虽然这只是一个小插曲，但从这件小事中可以看到，欧阳修是非常注重言行一致的，他对自己说过的话、做出的承诺，不会有丝毫懈怠。

在这些书信交往的笔友当中，有一个最让欧阳修放心不下的人，这个人是谁呢？这个人叫范仲淹。欧阳修跟范仲淹最开始并不认识，那会儿欧阳修还在西京上班。1033年，也就是明道二年的三月，朝廷里发生了一件大事，把持朝政多年的刘娥刘太后病逝了，二十三岁的宋仁宗，终于亲自掌握了政权，新帝上任，第一件事要干什么呢？可不就是赶紧组建一个自己的团队嘛，也就是这个时候，范仲淹出场了。

范仲淹，字希文，自幼失怙，家境清贫，他二十七岁才中进士，一直在地方担任小官，直到四十岁才去朝廷工作。要说范仲淹这个人，气节很高，脾气又特别偏，偏到什么程度呢？经常是"每感激论天下事，奋不顾身"。比如有一年，刘太后要过生日了，宋仁宗就宣布，他要率领文武百官，在朝堂为太后庆祝生日，范仲淹一听，立刻站了出来，他说："我反对！朝堂乃神圣之地，怎么能拿来过生日呢？还有，皇帝都这么大了，太后您还搞什么垂帘听政啊，赶紧还权，回去安享晚年不好吗？"这话一出，大家都被范仲淹的直言不讳惊呆了，其中最震惊的，当数范仲淹的举荐人晏殊。晏殊当时正任职翰林侍读学士，听到这个消息，他第一时间把范仲淹叫到家里，见面就是一顿臭骂，说："看你这股子年少轻狂的劲儿，你是为博名声，连命都不要了吗？我这个举荐人，迟早被你害死。"范仲淹一听，也来火了，直接回怼道："仲淹蒙您荐举，常常担心自己德不配位，给帮助过我的人蒙羞，真是没想到啊，我今天反而因为忠直，而受到您的责备。"几句话把晏殊搞得满脸通红、无言以对。这还没完，范仲淹回去之后，越想越觉得自己刚才在现场怼晏殊没发挥好，于是，他又写了一封信，详细陈述了他反对朝堂给太后过生日的理由，把晏殊读得是，既惭愧又佩服，最后亲自登门致歉。

这一段范仲淹和晏殊之间的小故事，可以说是一个君子之风的样板，但范仲淹的仕途还是因此受到了影响。刘太后暴怒，范仲淹自知得罪了太后，这下在朝廷又树了不少敌，于是自请离京，出任河中府通判，随后又调往陈州。但是，无论到哪里，范仲淹依然不改直言不讳的毛病。朝廷大兴土木，他上书反对，朝廷随意降诏用人，他也站出来激烈批评，搞得朝野上下没一个人敢替他说话，但大家心里却暗自佩服范仲淹的勇气和忠诚。所以一般人被贬职不是个好事，多少会遭些白眼，但范仲淹被贬出京，大家都称赞他"此行尤光"。

对于他本次被重新启用，大家都是拭目以待的，认为他的回归"不为御史，必为谏官"，果然，范仲淹被任命为右司谏。在宋朝，谏官的官级虽然不高，只是一个七品芝麻小官，但这个职位比较特殊，它不仅由皇帝亲自授予，还可以直接向皇帝议事。也就是说，朝政上只要有点啥事儿，范仲淹就可以直接去跟皇上说，这才是谏官最厉害的地方。而且在宋太祖时期，就立下了规矩，宋朝是不斩谏官的。所以范仲淹的这个职位，权力其实非常大，而且也相对安全。

欧阳修这边，他一听到这位比自己大十八岁的范大哥重新上任，内心非常激动，因为为官这几年，他目睹了太多官场的奢靡和腐败，只可惜自己是个势单力薄的新官，没有太多发声的机会。但如今，这样一位人品高洁的人成了谏官，不禁让欧阳修对朝政充满了期待，于是，他也顾不上自己跟范仲淹熟不熟了，酝酿了几天，提笔写下一封热情洋溢的信，就给范仲淹寄过去了。

这封信叫《上范司谏书》，在信中，欧阳修先对范仲淹新上任表示祝贺，他说："谏官虽卑，与宰相等。天子曰不可，宰相曰可，天子曰然，宰相曰不然，坐乎庙堂之上，与天子相可否者，宰相也；天子曰是，谏官曰非，天子曰必行，谏官曰必不可行，立殿陛之前，与天子争是非者，谏官也。宰相尊，行其道；谏官卑，行其言。言行，道亦行也。"

什么意思呢？就是欧阳修认为，谏官跟宰相一样，甚至比宰相还要重要，因为谏官一旦失职，不仅世人"将取讥于君子"，还会将天子的言行编成书，世世代代流传下去。所以谏官责任之重大，非贤者不能为也。

说着说着，欧阳修还举了个例子。说唐德宗时期，韩愈批评谏官阳城，上任五年都没有发表过谏言，这不典型的工作"摸鱼"吗？于是，韩愈义愤填膺，写了一篇名为《争臣论》的文章，讽刺阳城是空占着职位却不尽职守，简直是尸位素餐。其实欧阳修之所以举这个例子，就是想借机点一下范仲淹，你这都上任一个月了，也没见发出什么言论，他说："然今未闻有所言说，使天下知朝廷有正士，而彰吾君有纳谏之明也。"意思是，朝廷千里迢迢地把你召回来，你倒是说话呀，你不说话，世人怎么会知道，咱们朝廷有正义直言的好风气呢？他们更不会知道，我们有个明君啊！

欧阳修的这个激将法果然有效，范仲淹读完信之后，真的是热血沸腾，激动不已。要说范仲淹在官场也有段时间了，他好久都没有遇到这么赤胆忠心的人了，感觉这个朋友值得交。所以，这封《上范司谏书》，就是欧阳修和范仲淹友谊的起点。只是这俩人都没想到，在不久的将来，他俩不仅成了挚友，还将共同开启一场轰轰烈烈的革新运动。

时间一晃，就到了景祐元年（1034）的闰六月，欧阳修通过了学士院的考试，得了一大堆任命，他顺利进入馆阁，成了一名馆阁校勘。在馆阁工作最大的福利就是可以利用职务之便，尽情浏览皇室收藏的各种珍本图书。另外，和欧阳修一起入馆的还有尹洙，他是穆修的徒弟，在西京帮助过欧阳修学古文。所以这份工作对欧阳修来说，是既干着自己喜欢的事，还有老朋友相伴，简直是爽得不能再爽了。

而这个时候，汴京也有好几位公卿之家，看中了才华超群的欧阳修，他们先后派媒人跑过来提亲。欧阳修选来选去，最后，竟挑了已经去世的谏议大夫杨大雅的女儿。为什么选她呢？其实欧阳修心里清楚，这是个机会，他可以再次依靠婚姻为自己的仕途搭一条捷径，但欧阳修也知道，这官场的水深不可测，他不愿成为任何人的附庸。所以他虽然从没见过这个杨小姐，但他觉得杨大雅品德高尚，那他教出来的女儿，也不会差到哪去。于是这一年，欧阳修又完成了他人生中的两件大事，年中上任京官和年尾再婚。事业和家庭的双丰收，让他铆足了劲，立志要有所作为。

在馆阁的工作虽然清闲，但工资也低得要命，加上京城物价又高，所以欧阳修过得依然是很窘迫。他在写给梅尧臣的信中说："子渐在此，每相见，欲酤酒饮，亦不可得。"意思是自己穷到想跟朋友喝杯酒都买不起啊。当然这种小伤感只是偶尔为之，欧阳修大多时候对生活、对未来，还是豪情万丈的，比如他在给好朋友张先的送别诗中就写道："四时惨舒不可调，冬夏寒暑易郁陶。春阳著物大软媚，独有秋节最劲豪。"意思是，虽然好友要离开了，但秋天真是一个令人振奋的季节啊！

只是这振奋的秋天，还没过一半，欧阳修就收到了妹夫病逝的消息，他只好连夜赶往襄阳妹妹家。到了之后，他一推门，看着孤苦伶仃的妹妹和靠在她身边的妹夫前妻生的幼女，欧阳修是又伤感又心疼，只好把妹妹和外甥女一起带回了汴京。

这一来一往就过去了三个月。三个月后，当欧阳修赶到家中才发现自己的第二任妻子杨氏，已经病到卧床不起的地步了，还没等欧阳修搞清楚状况，杨氏就在几天后香消玉殒了。两次痛失爱妻，再加上长途的奔波，欧阳修直接崩溃了，大病一场。病中的欧阳修就像换了个人似的，面色蜡黄，身材枯瘦，见花流泪，对月伤怀。但有意思的是，在养病期间，欧阳修不知道从家里哪个角落，翻出一本魏晋年间道士的养生书《黄庭经》，他本人其实是不信什么神仙道术的，看这本书的初衷完全是养病无聊，随便翻翻。可翻着翻着他就发现，这本古版《黄庭经》和市面上的新版有很大区别，于是他就不自觉地切换成了工作模式，开始对《黄庭经》搞起了勘正和注解的工作。而且其间，他还听人说，弹琴可以静心养气，于是他又跑去跟朋友孙道滋学弹琴，自此与琴结下不解之缘。后来琴还成了欧阳修除文章外最重要的抒情言志的载体。欧阳修认为，琴之乐，在人不在器，而在自乐、自适也。所以到晚年，他被贬滁州，也是靠着弹琴来抚慰内心的伤痛和自我治愈，琴成为欧阳修这一生很重要的一个精神伙伴。

一个月后，欧阳修大病初愈，病病歪歪地回岗上班了。可这班还没上几天，又让他遇到了一件事。

这年冬天，曾与欧阳修同年进士及第的石介，受到御史中丞杜衍的举荐，被任命为御史台主簿，但他人还没到任，在进京上任的途中，就听说宋仁宗要给五代时期的各国官僚子弟一些优待。石介这个人很猛啊，他立刻上书反对，这成功激怒宋仁宗，直接将他革职不用了。

欧阳修听到这件事情之后，觉得石介太冤了，人家就事论事，发表自己的看法，没什么过失啊！而且像石介这样正直刚勇的人，别说是当主簿了，就算是直接做御史，也是可以的。而更让人生气的是，作为石介的荐举者加长辈杜衍，在这件事情上却屈从于皇帝，没有坚持原则为石介辩护，实在是令人惋惜！

欧阳修越想越愤愤不平，如鲠在喉，于是，他又写下一篇《上杜中丞论举官书》，连夜送去了杜衍府里。在这封信中，欧阳修非常直接地说了自己的看法，他说："上虽好之，其人不肖，则当弹而去之；上虽恶之，其人贤，则当举而申之。"意思是，对于官员的任免标准，应该是看这个人的才德是否能胜任他所担负的职务，而不是任凭皇帝的喜怒来定夺。为此，他还举了宋太祖时期的宰相赵普为举荐贤能，不惜跟宋太祖硬刚的例子，从侧面讽刺杜衍人云亦云，没有主见。虽然欧阳修尽力为石介鸣了冤，但他并没能改变石介被贬的结局，这件事后来也就不了了之了。

一转眼，又是几个月过去了。这天欧阳修突然从邸报上读到范仲淹以吏部员外郎的身份，暂任开封府知府的消息，他才知道自己之前批评范仲淹身为言官，上任一月不言事，着实是错怪人家了，范仲淹其实谏言了很多次。比如有一次，宋仁宗想废掉郭皇后，另立张美人为后。范仲淹就联合了一票大臣跑去反对，结果被宋仁宗贬为了睦州知州，后来又被调去了苏州。前几天才刚回京，职位也变成了一个文学侍从顾问官。但"几进几出"下来，范仲淹这刚硬、耿直的性格，还是一点没变，重回朝廷后，他只要一有机会，就向宋仁宗各种提意见，对朝廷官员的言行作风也是直言不讳，完全不给任何人留面子。范仲淹的这股生猛劲儿，让守旧派代表宰相吕夷简感到很不习惯，总觉得他哪天会惹出大事。于是，他就暗地托人给范仲淹带话，说："你现在是皇帝的文学侍从，又不是什么谏官，何必一天到晚，意见发表个不停呢？"范仲淹怎么回答吕夷简的？他说："向皇帝进言，正是侍从官的职责啊，我怎么敢不尽职尽责呢？"这一来一回，两人的梁子算是结上了。

吕夷简这边是劝又劝不动，打也打不过，他实在没有办法从明面上让范仲淹闭嘴，那就累死你得了。于是，吕夷简就让范仲淹当了一个临时的开封府知府。开封府当时属于京畿重地，开封府的长官责任大、任务重。吕夷简本想给范仲淹安排这么一个累活，让他没有时间搞别的，最好还能出点错，让他挑刺。结果，范仲淹去了之后，做事又机敏又周全，上任才一个月，开封的老百姓就开始歌颂他，说"朝廷无忧有范君，京师无事有希文"。这就是我们所说的，是金子，把他放哪儿，人家就在哪儿发光。

其实吕夷简跟范仲淹之间的矛盾还没什么，关键是当时任纠察在京刑狱的胥偃，也跟范仲淹不对付。胥偃非常看不惯范仲淹的行事风格，他多次上书弹劾范仲淹不顾法律规定，判案的时候总是标新立异，擅自加入法外因素，两人为此经常在朝堂上闹得不欢而散。而欧阳修跟胥偃正好相反，他非常赞同范仲淹这种与时俱进、以事论事的做法，也正因为如此，欧阳修和胥偃之间也有了矛盾。其实欧阳修内心始终没有忘记胥偃对他的知遇之恩，但在私情与大义之间，他还是选择了大义，坚定地站在了范仲淹这边。当然，这也让胥偃伤心至极，觉得欧阳修就是个白眼狼，从此，他跟欧阳修老死不相往来。后来，胥偃到死都不肯原谅欧阳修，而这也成为欧阳修生命中的一根刺，从个人角度而言，他对恩师兼岳父的胥偃是心存愧疚的。

此时，欧阳修回想自己的这几年也算是见了不少世面，经历过生离死别了，他感觉自己的人生好像开启了快进模式，自己不再是个孱弱的书生，现在的他，有独立的思想和长远的打算。曾经，世事变幻让他产生了消极的幻灭感，而现在，他相信事在人为，自己一定可以找到一条改变自己和这个国家命运的道路。

当时宋朝建国已经有七十多年了，很多陈规陋习造成的问题逐渐显现并且越来越激烈，其中最突出的两个问题，就是吏治腐败和财政痼疾。经过长期的观察研究，欧阳修写了一篇长文叫

《原弊》，其中心思想就是讨论时政弊端的根源，那根源就是朝廷官员不体恤民力，严重损害了农业生产，导致财政危机日益加剧。这篇文章写得是通俗易懂、有理有据，文章一经发出，大家议论纷纷，产生了很大影响。其实从这篇文章开始，欧阳修已经在为即将到来的"庆历新政"提供舆论预热了。

这边，欧阳修在研究国家的财政问题；那边，范仲淹则把关注点放在政治腐败上。当时老干部吕夷简已经执掌朝政十多年，朝廷很多被重用和提拔的官员，都是他的亲信。范仲淹对这个现象是深恶痛绝的，于是他做了一张"百官图"，把朝廷各职能部门的负责人，全部列出来排了个队，这一边是正常升迁的人，那一边则是越级提拔的人。做好之后，范仲淹就把这张"百官图"，献给了宋仁宗，送图就送图吧，他还不忘提示仁宗皇帝，说："臣以为，天子身边的近臣，升迁或降职，都不宜让宰相全权办理。"

这话尖锐得简直就是在直接报吕夷简的姓名

嘛，这张"百官图"可以说是端了吕夷简的老窝。但同时，范仲淹自己也捅了马蜂窝，那一长串走后门的名单背后可全是朝廷命官啊，关系错综复杂。范仲淹这一下，全把人得罪了。当吕夷简听到自己被范仲淹弹劾了，瞬间暴怒，他也站出来针锋相对，说范仲淹你乱讲，你说我给人开后门，证据呢？结果范仲淹更猛，你说我没证据，那我再连上四篇奏章，全面仔细地摆一摆证据。而这四篇文章主题思想就一句话：皇帝啊，你一定要亲贤臣，远小人呐！

就这样，范仲淹凭一己之力彻底激怒了吕夷简。吕夷简在官场半辈子，也不是吃素的，他立马换了个策略，弹劾范仲淹越职言事、荐引朋党，还离间君臣。两人越吵越凶，范仲淹这帽子也是被越扣越大。最后，吕夷简釜底抽薪，他知道宋仁宗这么多年来，已经习惯了事事都由自己安排，"那我就借机辞职，皇帝你自己选吧，要么我走，要么范仲淹走"。果然，还是吕夷简了解皇帝，一招制敌。宋仁宗权衡再三之后，还是罢免了范仲淹的官职，把他外放去了江西饶州。这一局，吕夷简胜。

但事情还没结束。几天后，就冒出一帮好事的人迎合吕夷简，高喊要严查范仲淹的同党，而满朝文武竟没有一个人敢发表不同意见，就连范仲淹临走时的饯别宴，也没几个人敢去，实在是很可悲。当然，也有个别坚决和范仲淹站同一条战线的小伙伴，比如秘书丞、集贤校理余靖，他就不顾禁令，上书让皇帝收回成命。还有太子中允、馆阁校勘尹洙，他更是气愤地主动上书"揭发"自己，说他与范仲淹亦师亦友，自己还受范仲淹的荐举，所以，情愿一起被罚。

宋仁宗一看，这还来劲了是吧？那就都成全你们，于是，余靖、尹洙相继被贬。其实这件事，欧阳修心里也很不痛快，但理智让他控制自己没有发声，直到几天后的一次聚会。

那天，左司谏高若讷，多喝了几杯酒，趁着醉意，他当着所有人的面，开始骂范仲淹被贬是罪有应得。这下欧阳修实在是忍不住了，他站起来就要跟高若讷干架，还好被其他朋友及时拉住了。回家之后，欧阳修是越想越气，他写下一篇《与高司谏书》，来为范仲淹慷慨陈词。这篇文章言辞之激烈、情绪之愤慨，让读过的人都替欧阳修捏一把汗。他是怎么讽刺高若讷的呢？

他说："夫人之性，刚果懦软，禀之于天，不可勉强。虽圣人亦不以不能责人之必能。今足下家有老母，身惜官位，惧饥寒而顾利禄，不敢一忤宰相以近刑祸，此乃庸人之常情，不过作一不才谏官尔……今乃不然，反昂然自得，了无愧畏，便毁其贤以为当黜，庶乎饰己不言之过。夫力所不敢为，乃愚者之不逮；以智文其过，此君子之贼也。"意思是：这人的性格有强有弱，就算是圣人，也不会去强人所难。如今你高司谏，家里有老母亲，自己又是个官迷，既怕挨饿受冻，又是利益至上，因此不敢做一点点违背宰相的事情，以免遭受祸害，这是平庸之辈的常情，我能理解，你也不过是做了一个不称职的谏官罢了。

但如今，你反而昂首挺胸，得意洋洋地诋毁范仲淹的贤能，内心不仅没有愧疚，还认为他应当遭受贬谪，你这种用小聪明来掩饰自己过错的行为，那就是君子中的败类！

紧接着，欧阳修用一正一反两个假设，说如果范仲淹不是贤臣，那当初皇帝启用他的时候，你高若讷身为谏官，怎么不弹劾他呢？如果他是贤臣，如今因为他忤逆宰相就遭到贬谪，你怎么不出来为他仗义执言呢？所以呀，你左右都是错，而最大的过错，就是你无能。

这封信实在是太狠了，不仅展现出欧阳修出众的文采，这逻辑思辨力也是满分。信的最后，欧阳修直接下战书，他说："愿足下直携此书于朝，使正予罪而诛之，使天下皆释然知希文之当逐，亦谏臣之一效也。"意思就是：你高司谏把这封信拿去给皇帝看吧，他要是治我的罪，天下人都会知道，我兄弟范仲淹有多冤枉，这样一来，好歹也不枉发挥你谏官的一丁点的作用。

我们几乎可以想象，高若讷读完此信之后暴跳如雷的样子。他气得觉都不睡了，连夜将这封信递给了皇上，并且添油加醋地说欧阳修攻击天子，妖言惑众。宋仁宗本来就对范仲淹以及替他说话的人还心有余悸，这下欧阳修又冒出来，仁宗皇帝也是震怒，当即下旨，将欧阳修逐出朝廷，贬为夷陵县令。贬诏一出，立刻就有官吏来落井下石了，他们责令欧阳修马上启程，一刻都不得逗留。欧阳修很感慨啊，真是应了那句话：一入官场深似海。身边的同事，平时看着都笑眯眯的，一旦自己出事，立刻就跑上去踩几脚。

　　欧阳修被贬的消息一出，着实让汴京"地震"了一回，本来范仲淹因"越职言事"被贬，已经让老百姓们颇有微词了，而这一个接一个的官员因言获罪，民间的舆论一片哗然。欧阳修在馆阁校勘的同事蔡襄，还写了一首《四贤一不肖诗》，其中的四贤，指范仲淹、余靖、尹洙和欧阳修，一不肖，则指高若讷。这首诗一经流出，就被大家争相抄写、传诵，成了民间的畅销诗，就连契丹来朝的使者，也偷偷买了一些带回去。而欧阳修这边，自贬谪令下达的那一刻起，就天天有人上门逼他离开，没办法，他只好随便挑了点日用品，就带着家人启程了。

夷陵，就是现在的湖北宜昌，从汴京到夷陵，走陆路是一千六百里，走水路绕远，有五千五百九十多里，而这时正值酷暑。欧阳修看着自己一家老小，最后决定走水路。一路上，欧阳修又开始复盘，他反思起自己这次官场摔的大跟头，是为朋友出头，为心中的公义发声，所以好像自己也没做错什么呀。但如果没有做错，那为何又会遭到贬谪呢？正当他迷茫的时候，收到了梅尧臣的来信。梅尧臣非常暖心地安慰着欧阳修，劝他千万不要自怨自艾，不要在凄苦的贬谪生涯中，失去青云之志。

这些话一下就点醒了欧阳修，其实他这几天一直在思考和迷茫的事情，就是在逆境中该如何自处。欧阳修本想参照一下前人的经验，可他找了一圈，也没找到适合学习的榜样，就算是自己的启蒙老师韩愈因言获罪后，那种惶恐之情也溢于诗词当中。想到这，欧阳修暗自立了个小目标：他要将这次贬谪作为砥砺节操、提升精神境界的一个契机。自己也是吃过苦的人，什么逆境、厄运，最多不过回到从前嘛，没什么可患得患失的，把这次贬谪，当成一次长途旅行就好了。

那心念已定，欧阳修就从容淡定多了，他每天闲坐在船头，欣赏江两岸的风景，等待着即将到来的夷陵生活。那在夷陵，又会有什么困难和转机，在等着欧阳修呢？

附： **半亩诗田**

《百家讲坛·一代文宗欧阳修》字幕古文内容摘录

- -

◨ 谏官虽卑，与宰相等。天子曰不可，宰相曰可，天子曰然，宰相曰不然，坐乎庙堂之上，与天子相可否者，宰相也；天子曰是，谏官曰非，天子曰必行，谏官曰必不可行，立殿陛之前，与天子争是非者，谏官也。宰相尊，行其道；谏官卑，行其言。言行，道亦行也。

——欧阳修《上范司谏书》

■ 然今未闻有所言说，使天下知朝廷有正士，而彰吾君有纳谏之明也。

——欧阳修《上范司谏书》

■ 子渐在此，每相见，欲酤酒饮，亦不可得。

——苏洵《与梅圣俞书·六》

■ 四时惨舒不可调，冬夏寒暑易郁陶。春阳著物大软媚，独有秋节最劲豪。

——欧阳修《送子野》

■ 上虽好之，其人不肖，则当弹而去之；上虽恶之，其人贤，则当举而申之。

——欧阳修《上杜中丞论举官书》

■ 夫人之性，刚果懦软，禀之于天，不可勉强。虽圣人亦不以不能责人之必能。今足下家有老母，身惜官位，惧饥寒而顾利禄，不敢一忤宰相以近刑祸，此乃庸人之常情，不过作一不才谏官尔……今乃不然，反昂然自得，了无愧畏，便毁其贤以为当黜，庶乎饰己不言之过。夫力所不敢为，乃愚者之不逮；以智文其过，此君子之贼也。

——欧阳修《与高司谏书》

□　愿足下直携此书于朝，使正予罪而诛之，使天下皆释然知希文之当逐，亦谏臣之一效也。

——欧阳修《与高司谏书》

第四章 /

贬我官身去
仍怀忧民心

经过整整五个月的水上漂泊，欧阳修一家终于到了夷陵。下船一看，他发现这个地方，临江而建，既潮湿又多雾，虽然是属于硖州州治，但非常贫穷落后。巴掌大小的地方，四周连城墙都没有，当地的老百姓还处于赤贫的状态。这幅景象，让一贯安于清贫的欧阳修和母亲都大为震惊，两人只好互相安慰。

当时的硖州知州朱正基，是欧阳修的老朋友，他景祐二年（1035）就到了夷陵。得知欧阳修一家远道而来，朱正基特意在县衙大堂的东边修建了一处宽敞明亮的住宅。这令欧阳修非常意外和感动，于是将这个房子取名为"至喜堂"，意思是：我到这里，就是到了欢喜的地方。

几天后，欧阳修就正式上任了，他发现夷陵

虽然地方不大，但民间争斗的事情却很常见，之前的县吏大多不识字，所以积压了一堆的冤假错案。欧阳修新官上任，第一件事就是整顿吏治。他一边完善规章制度，一边给大家搞岗位培训，一圈忙下来，本来就少白头的他，头发又累白了一大半。闲下来的时候，他也会怀念从前的快乐日子，如今在夷陵这个小地方，既没有闹市，也没有诗酒会，他面对的只有一条寒江，和江边的野花野草。所以，他在《初至夷陵答苏子美见寄》中写道："光阴催晏岁，牢落惨惊飙。白发新年出，朱颜异域销。"就是说，漂泊在异乡的欧阳修，看到自己逐渐老去很是伤感。

慢慢地，欧阳修在夷陵也交到了两个好朋友，一个是硖州军事判官丁宝臣，另一个是州府推官朱处仁。他们经常邀欧阳修一起踏雪寻梅，一起开怀畅饮。欧阳修后来竟也逐渐习惯了夷陵的生活，喜欢上了这里的山山水水。

忙公务的同时，欧阳修也没有忘记搞他的学术研究。在来夷陵之前，他正与尹洙合作，两个

085 第四章 / 贬我官身去 仍怀忧民心

人一起写《十国志》，但还没写完，就都卷入了范仲淹"越职言事"的事件中，一夜之间，他俩被贬得天各一方，《十国志》的写作也就因此中断了。到夷陵之后，欧阳修写信跟尹洙约定，两人一定要继续完成之前的工作。除此之外，欧阳修还重读了《易经》《诗经》《春秋》等书，读的过程中，他发现这些书里不少注解都是错的，甚至有的地方连句子都读不通。本着"求真求实"的治学追求，欧阳修将自己的疑惑和感想，先后写成了多篇论文，后来这些文章传到了民间，当时的读书人都抢着看，让欧阳修圈了一大拨学术粉丝。

更重要的是，欧阳修的这种质疑经典、挑战权威的精神，对当时的思想文化界产生了深远影响，从他这里，开创了一种"疑古惑经"的新学风。后来，士人读书、做学问，这种怀疑之风是逐渐兴盛，治学之道也是日新月异，而"新儒学"，也就在此基础上逐渐形成和发展起来。

有一天，欧阳修收到一封信，是他的好朋

友薛仲孺寄来的，信的内容是他要给自己堂妹说媒。其实早在欧阳修刚去馆阁工作那会儿，才卸任副宰相的薛奎就看上他了，想把自己的四女儿许配给他。但欧阳修当时觉得自己刚来京城上班，什么都不懂，个人问题还是过段时间再考虑吧。没想到不久后，薛奎竟意外病逝了，薛家小姐办完丧事，又回许州给父亲守丧，这段姻缘就错过了。薛老爷的丧期满了，薛夫人又想起这茬子事，就赶紧让侄子薛仲孺给欧阳修写信。

欧阳修现在这么落魄，还能有人来说媒，实在是太不容易了。特别是母亲得知这个消息，非常开心。她叫欧阳修赶紧回信，同意这门亲事，同时向朝廷请假，立刻动身赶往许州，迎娶薛家小姐。

这已经是欧阳修的第三任妻子了。这位薛小姐跟前两任一样也是大家闺秀，知书达理，关键她在见到欧阳修之前，就读过他的很多诗文，对欧阳修是有偶像滤镜的，所以当她跟着欧阳修去到贫穷落后的夷陵时，没有半点怨言，还把家里打理得井井有条。这让欧阳修不禁感慨，自己虽然屡次丧妻很不幸，但不幸中的万幸，就是每一任妻子都非常贤惠，都对他一心一意，想要执子之手，与子偕老。

有了妻子的陪伴，欧阳修在夷陵的日子过得舒心多了，他的心态也越来越平和。没事的时候，欧阳修依然爱给大家写信、爱唠叨，他在给一位青年学子的回信中说：读书人"顺时取誉"与"卓然自立"，是两种对立的人生态度，自己的人生态度就曾经历过这两种转化。当年他顺应世俗，写骈文取悦于人，获得了连中"三元"的荣耀，而如今，自己试图经世致用、卓然自立，则遭受被贬的屈辱。虽然这前后荣辱落差非常大，但他内心无怨无悔。

可以说，欧阳修虽然身处偏远的夷陵，但这种现实的历练，反而让他的内心越来越强大了，并且"拯救世道人心"的理想，也在他的心中日渐清晰。

这年冬天，朝里又发生了一件大事。汴京和

定襄这两个地方，发生大地震了，房子倒了一大片，人员伤亡惨重。在古代人看来，发生这种天灾，肯定是天子干了什么违背天理的事情。于是就有人上书给宋仁宗，说："天威震怒，怕是跟范仲淹、余靖他们'因言被贬'有关啊。"而宋仁宗在那件事上本来就心虚，当时是为了留住吕夷简，而罢黜了范仲淹，所以他被臣子这么一说，心里更慌了，于是赶紧发布诏书，让范仲淹去润州，余靖去泰州，而欧阳修则去了乾德县。

与夷陵相比较，乾德离中原近多了，饮食和医疗条件都有了很大改善。只可惜，乾德这里无论是官吏还是百姓，都没什么人读书，简直就是一片精神荒漠。但还好，这里有一些古碑，让对金石感兴趣的欧阳修不至于太无聊，后来他《集古录》中记载的很多石碑，都是这一时期的探索发现。

此时的朝廷里，依然是斗得一塌糊涂。不断有大臣建议重新起用范仲淹，但是宋仁宗都装没听见。这一年他还趁着皇家在郊外祭天，把年号改为了"宝元"。宋仁宗这个皇帝挺有意思，他是宋朝在位时间最长的一位皇帝，执政四十二年期间，一共改了九个年号。"年号"是我国古代封建王朝用来纪年的一种形式，首创于汉武帝时期，年号一般是不会轻易改动的，除非王朝或者皇帝遇到了什么大事，需要用改年号的方式来改一下"国运"。所以光从这九个年号中，就可以想象得到宋仁宗跌宕起伏的一生，每一个年号背后都是一段惊天动地的故事。

也是这一年，欧阳修又经历了一次不幸，他的长子，就是跟第一任妻子胥夫人所生的孩子，染病夭折了。中年丧子，让欧阳修好几个月都痛苦不堪，他完全没办法工作。直到第二年的七月，有一天，欧阳修突然收到朝廷的诏令，他被任命为镇南军节度，调往武成军所在地滑州，任判官。

这就意味着他被重新起用了！欧阳修激动得夜不能寐，恨不得立马上任。但因为武成军的现任判官任期还没有满，所以他只好先去邓州的好朋友谢绛家暂住一段时间。可是没想到，仅仅三个月后，四十五岁的谢绛突然生了一场急病，没几天就溘然长逝了。谢绛的死对欧阳修打击很大，他刚从丧子之痛中走出来，又目睹好朋友撒手人寰，欧阳修顿时生出一种世事无常、人生脆弱的怅然感。当然从另一角度来说，人生苦短，这也更坚定了他要尽快"立德立功立言"的决心。

就在这个时候，北宋的边境又出事了。西夏国王元昊，率军攻打延州，就是今天的陕西延安，宋军败得一塌糊涂，损失了两名大将。宋仁宗听到西边战败的消息，气急败坏，然后他干了一件什么事呢？改年号！

他将年号"宝元"，改为"康定"，并且下令让中外臣庶上书言事。意思是，你们都赶紧告诉我，咱们的国家到底哪里出了问题啊？接着，他又命知制诰韩琦为陕西安抚使，立刻去前线坐镇指挥打仗。

韩琦，字稚圭，相州安阳人。此时的韩琦，刚过而立之年，精力旺盛得很，用兵很神勇。但

第四章 / 贬我官身去 仍怀忧民心

他临走之时，向皇帝要了一个人共赴沙场，不然他不去。宋仁宗一听，这都什么时候了，战火都要烧到我皇宫里来了，只要不让我去，你爱带谁去带谁去！韩琦要的这个人正是范仲淹！但是那个时候，范仲淹还有罪在身，所以韩琦就跟宋仁宗保证，说如果范仲淹真的是朋党小人，耽误了国家大事，那皇帝你就把我韩琦一家老小全诛了吧！

由此可以看出，这个韩琦确实是一位非常有魄力的人，所以后来他也成了推行"庆历新政"的核心人物之一。在韩琦一家老小的担保下，范仲淹顺势复官，负责供办军需，和韩琦一起去西边打仗了。

欧阳修虽然是人在外地，但他也密切关注着朝廷里的动态。当他听到韩琦和范仲淹同时被重用，主持西线战事的时候，他是既高兴又羡慕，能征战沙场应该是每一个热血男儿都梦想过的事情。果然，范仲淹没有忘记这个为他慷慨陈词的小老弟，他刚受命不久就写了一封举荐信，要欧阳修随他共赴西部战场。可是，几乎是范仲淹推荐的同时，朝廷也下诏让欧阳修官复原职，他还是馆阁校勘，还干之前的工作，继续编修《崇文总目》。

这幸福一下子来得有点突然，欧阳修瞬间成了香饽饽，正当左右为难的时候，他收到了范仲淹的邀请信。拆开一看，他却大失所望，原来范仲淹请他去西线，并不是要他去打仗，而是只让他当一个写公文的书吏。于是，欧阳修的敏感劲又上来了，他以母亲年迈为由，婉拒了范仲淹的邀请。在回信中，欧阳修多少透露出了一点自己的不满，他说："不幸修无所能，徒以少喜文字，过为世俗见许，此岂足以当大君子之举哉？"就是说，我欧阳修是没什么才能的，只是稍微喜欢写点文章，世人的称赞那都是徒有虚名，我可担不起您大君子的举荐。但最后，欧阳修还是出于公义又忍不住勉励起范仲淹，告诫这位老大哥，可不能再犯错了，去了西部千万不要被舆论影响，在军事决策上务必保持冷静，不要急功近利、求胜心切啊。

康定元年（1040）的八月，欧阳修在经历四年贬谪生涯后，再次回到了汴京，但他的心情却没有想象中那么激动，其实他多少有些后悔，当初太冒失了，让自己没能成为范仲淹军中的一名参谋，特别是当他听到尹洙也去前线军营当幕僚后，这种失落感就更强烈了。

既然无缘上战场，欧阳修就只好把自己的一腔热血投入到思想文化的研究中了。当时北宋跟西夏之所以会交战，是因为西夏历来都是以一种附庸的姿态主动臣服于宋王朝。但到了明道元年（1032），野心勃勃的元昊当上了西夏王，自己建了一个国号，叫大夏，等于毫不掩饰地直接与宋王朝对着干。果然，在康定元年，元昊就发动了大规模的侵扰战争。

对于这么严峻的外交形势，欧阳修也顾不了自己只是一个图书管理员的身份了，他直接写了一篇几千字的军事长文，献给了宋仁宗。在这篇叫《通进司上书》的文章中，欧阳修不仅全面分析了当前的战局，还提出了一些建议。他说："或击吾东，或击吾西，乍出乍入，所以使吾兵分备多而不得减息也。吾欲速攻，贼方新锐；坐而待战，彼则不来。"什么意思呢？就是说，这元昊贼得很啊，你看他打赢了，并没有继续前进，反而还主动撤退，可见他是做好了打持久战准备的，打算就这样耗着，直到把咱们大宋耗得兵力疲乏，到那个时候，无论是打还是和，主动权就到西夏手里了。所以，欧阳修主张"通漕运、尽地利、权商贾，三术并施"，概括起来，就是在西部发展商业。这样既能保证军需充足，又可以缓解当地百姓的困难处境。

所以，欧阳修其实是一个非常具有人文关怀的刚直男，这时候，他只是一个初级图书管理员，如果这信没写好，脑袋可就没有了。

欧阳修到底有多刚直呢？有一年冬天，枢密使晏殊组了一个饭局，枢密使就相当于我们现在的国防部部长。宴会上来的人几乎都是朝中官员，欧阳修也在其中。大家你一杯我一杯地喝着酒、吟着诗，不禁赞叹道："现在外面是瑞雪兆丰年，屋里是喜庆又祥和。"这句话欧阳修是怎么听怎么不自在，明明这会儿西部战场打得一塌糊涂，多少士兵是有去无回，可你们这群人却还在这歌颂国家强盛安宁。气不过的欧阳修，提笔写下一首《晏太尉西园贺雪歌》，在这首诗的最后，他说："主人与国共休戚，不惟喜悦将丰登。须怜铁甲冷彻骨，四十余万屯边兵。"意思是，别人睁眼说瞎话也就算了，你这身为国防部部长的晏殊怎么能忘记，那四十万身披冰冷铁甲，驻守在边防的战士呢？

晏殊读完诗后，当场就气炸了，无奈这么多人在，他不好直接发作，只能垮着脸，说欧阳修这人没礼貌，不分场合地胡闹。但客观来说，晏殊心里还是认可欧阳修的，欧阳修能有这种不流于俗的浩然正气，说明自己当年做主考官，选的这个黄毛小子是对的。

其实当时思想界，还有一个热门话题，就是"理学"。"理学"是宋代"新儒学"对传统儒学的一大发展。"理学"的核心就是主张以"天理"为最高主宰的道德本体。但欧阳修很反感这个，在他看来理学是"形而上"的问题，说那么多虚头巴脑的，不如踏踏实实，在现实生活中"修身"来得靠谱。他说："为君子者，修身治人而已，性之善恶不必究也……不修其身，虽君子而为小人……能修其身，虽小人而为君子。"

欧阳修和"理学派"的看法不同，因为各自的出发点不一样。但从欧阳修的这些文字中，可以感受到一位立于世的学者对现实的高度重视与深刻思考。

后来《崇文总目》这套巨录终于修好了，宋仁宗看过后非常满意，对所有参与修书的人都进行了封赏。于是，欧阳修也从馆阁校勘升为了集贤校理，就等于他从图书馆的初级管理员升为了高级管理员。

有一天，欧阳修家来了一位客人。这个人二十三岁，前几天刚从建昌南丰来京城，参加了广文馆的入学考试。他是欧阳修的铁粉，早在十年前，欧阳修刚中进士那会儿，他就开始崇拜上了欧阳修，此后经常搜集他的文章，是"口诵而心记之"，他就是后来位列"唐宋八大家"之一的曾巩。

那天在欧阳修家，两人进行了一次长谈，曾巩的才情和率真让欧阳修非常喜欢，而欧阳修的亲切随和也让曾巩如沐春风。也就是从那天起，两人结下了深厚的师徒情缘，欧阳修就像当年胥偃对自己一样，也非常悉心地教导曾巩，还说："过吾门者千百人，独余得生为喜。"毫无疑问，曾巩成了欧阳修最欣赏的学生。

第二年，在国子监广文馆读了一年的曾巩，信心满满地参加了省试，结果放榜那天，他竟榜上无名。不仅曾巩，还有很多欧阳修认为很不错的学子，也都落榜了。看着大家沮丧的样子，欧阳修既惋惜又心痛，想起自己当年"三战"的坎坷经历，不由得再次质疑起科举制度的合理性。

当时宋朝的科举考试，只有一个非常刻板的衡量标准，就算是再厉害的人，只要文章偏离标准一点点就一律淘汰。所以欧阳修一直有一种强烈的期盼，希望国家可以建立更合理、更人性化的人才选拔机制，让那些真正有才华、有个性的人，能够脱颖而出，为国所用。而欧阳修后来终其一生都以"识拔贤才、奖掖后进"为己任，自此往后的数十年，宋朝大多数杰出的文学之士都出于他的门下。

在工作上，对于西部的战争，欧阳修曾建议朝廷要做好长期拉锯战的准备。果然，这西边还在打持久战，北方又出问题了。庆历二年（1042），北方的辽国也跟着西夏起哄，在幽州和蓟州一带聚集了一大拨士兵，要宋朝把现在河北雄县以南的十县土地，割让给他们契丹政权，不然就要起兵与宋王朝对战。不仅如此，京东、京西也不断传来要爆发农民大起义的消息。这一波又一波的坏事，把宋仁宗弄得焦头烂额，他一边安抚着远在西部的范仲淹等人，一边又赶紧派出知制诰富弼，北上辽国议和。但在这种"腹背受敌、内外交困"的局势下，没几天，宋仁宗就招架不住了，于是他做了一个决定，广开言路问大家，以寻求拯救危局的方法。

这消息一出，就数欧阳修最积极，他马上写了一篇三千八百多字的犀利长文，叫《准诏言事上书》，全面分析了一下宋朝当下所面临的问题。他说，朝廷之所以搞成现在这个样子，有三个弊端：一是下诏令不考虑后果；二是赏罚没有标准；三是对有功劳的人没有及时表彰和奖励。另外欧阳修还系统地从五个方面提了自己的改革主张。

虽然这篇文章并没有引起太大波澜，但值得一提的是，这篇文章跟后面范仲淹写的，成为"庆历新政"主要纲领的那篇《答手诏条陈十事》，核心内容竟然完全一致！

除此之外，欧阳修还先后写了《本论》《为君难论下》等一系列论文，在文中他建议宋朝的"治本之策"应该"均财、节兵、立法、任人"，而其中，任人是关键中的关键。他还举了前朝君王不听大臣们的意见，专宠一人，最后招致祸败的例子，以此来劝宋仁宗要多听大家的意见。

欧阳修的这些文章，大多是从亲身经历出发来写的，所以文章写得通俗又接地气，大家是众口相传，他也因此成为"革新派"的主要代言人，为即将到来的"庆历新政"，做出了积极而充分的思想舆论准备。

再说回欧阳修的家里。结婚五年的薛夫人，先后生下了一女一儿。人丁兴旺本来是件好事，但对于工资微薄的欧阳修来说，一家老小的生活开销，让他背负着巨大的经济压力。虽说自己的文章，在民间热度很高，但唯独皇帝没有太多正面回应。所以他思来想去，不如主动请求外派，起码工资可以高一点吧。于是，在庆历二年（1042）的八月，欧阳修主动要求去滑州任通判。

他到任的时候，正好赶上滑州闹蝗灾。还没安顿好，就去了滑州各属县视察灾情，这期间，还发生了一件风流韵事。他视察蝗灾的最后一站是韦城，韦城知县看上级官员来了，特地设宴，款待欧阳修他们一帮人，席间还安排了助兴的歌伎，其中有一位跟欧阳修看对眼了，于是两人就有了一夜之欢。事后,欧阳修开始反思起自己的冲动行为,他除了尴尬,就是后悔,自己一直立志要做一位道德、文章"垂百世而不朽"的儒者,为此,他还经常自勉,要用理智来控制人的本能情感,结果喝点酒一时上头,还是没有管理好自己的私情。更让人难堪的是,这件事情后来不知道被谁传出去了,很长一段时间里,同事们动不动就来调侃他,让他很没面子。当然这只是一个小插曲,这个插曲并不妨碍欧阳修为社稷"漠视名利、奋不顾身"的忠义气节,毕竟,人都会犯错,欧阳修也是一样的。这件事情之后,欧阳修痛定思痛,再也不能干有损私德的事情了。

在滑州工作之余,欧阳修还在继续编写《五代史》。整理资料的过程中,他发现了一个现象。在政权频繁更迭的五代十国时期,社会上下,忠义之士少得可怜,大多数士人都没什么气节,他们只谈利益,不讲公义。而这一切,又反过来加剧了社会的动荡不安。欧阳修发现,这种堕落的士风,如今不仅依然存在,还挺严重的。所以他感慨，自己人微言轻、分量不够，虽然掏心掏肺地发表了好多意见，却得不到回应。

一转眼又过了一年，庆历三年（1043）的正月，宋朝与西夏的持久战终于以西夏求和而告一段落。而朝中还发生了一件大事，那就是干了二十年的"钉子户"宰相吕夷简，告老还乡了。对于吕夷简的离职，宋仁宗心里五味杂陈，吕夷简是看着他长大的，虽然在这二十年里，吕夷简也多次被各种官员弹劾，但他的功劳也是不可磨灭的，仁宗皇帝对吕夷简的离去确实是伤感了好一阵子。但我们从另一个角度来看，这样一位把持朝政二十年的老臣离职了，对于正当年的宋仁宗来说未尝不是一件好事。

所以吕夷简前脚刚走，宋仁宗后脚就开始了人事大洗牌。他第一件事就是要广开言路，扩招谏官，而欧阳修自然成了头号人选。有意思的是，推荐他的人正是那个被他当众讽刺、现任宰相兼枢密使的晏殊。

知道自己成了谏官，欧阳修激动得都快说不

出话来了，他酝酿这么多年，终于得到了一个圣恩。他发誓，自己一定要知无不言，言无不尽，他都顾不上收拾行李，就立刻启程，回京赴任。一路上，欧阳修的嘴就没合拢过，他发现路边的花花草草都变得比平时更有生机、更可爱了，此刻的他，就是我们所说的"春风得意马蹄疾"。

与欧阳修一起被任命为谏官的，还有王素、余靖和蔡襄，这几个人都是直言不讳的正义之士。好巧不巧，在西夏战场立下汗马功劳的韩琦和范仲淹也要回来了，他俩这次同时被任命为枢密副使，也就是负责全国军事的副官。那这次新上任的枢密使，军事长官是谁呢？是一个声名狼藉的守旧派人物——夏竦。

夏竦这个人，客观来说，还是很有才华的，但他喜欢玩弄权术，非常在意功名利禄。职场老手吕夷简，在位这么多年都不敢用他，怕被他阴。但吕夷简也挺有意思的，退休的时候，为了落个好，就推荐了夏竦来当枢密使。消息发布之后，欧阳修他们这些谏官就炸了，大家同事十几年，谁什么人品互相都知道，让夏竦这样一个小人来当军事长官，那军事要完蛋了。所以他们这些谏官，一连写了十一道奏折，让皇帝换人，搞得宋仁宗迫于舆论压力，没办法，只好换了杜衍上任。弄得夏竦更是尴尬，他人刚到京城，就被告知要离京，去亳州任知州了。

这一系列的人事大变动，让朝廷上下人心鼓舞，大家都觉得，这一次仁宗皇帝是下了决心要奋发图强、振兴宋朝了。当时在国子监当直讲的石介，为此激动地写了一首长达一百九十句的四言古诗《庆历圣德颂》，来讴歌范仲淹、富弼、杜衍、欧阳修等人的贤德忠良。但石介这个人，也挺有性格。他在歌颂贤臣的同时，还要带上人家夏竦，痛骂夏竦是奸臣。关键这首诗，还在民间被广泛传播，几乎到了家喻户晓的地步，就连当时，远在四川峨眉山区的小苏轼都读到了，所以那段时间，欧阳修他们是被各种夸赞，而夏竦则是过街老鼠——人人喊打。

我们都说，新官上任三把火，在欧阳修他们

这些新谏官的努力下，奏疏是一道接一道地上，朝中老臣是一个接一个地被罢免。在夏竦之后，还有馆阁官员凌景阳，翰林学士、知制诰苏绅，参知政事王举正等一票人，都被他们的谏言给弄下去了。

一时间，舆论四起，这几个新上任的谏官也是人见人怕。但欧阳修一点都不在意这些，他心中只有一个想法，那就是要恪守谏官的职责，至于树敌嘛，那都不是事儿。当时，人们还送给这几个谏官一个外号，叫"一棚鹘"，意思就是，他们像鹘这种猛禽一样，言辞锐利，敢挑战权威。

不仅如此，欧阳修他们一帮人还写了一封联名信。他们要推举写《庆历圣德颂》的猛将石介加入他们谏官的队伍。只是没想到，这一提议遭到了范仲淹和韩琦的坚决反对。因为这些年，范仲淹和韩琦，从朝廷到地方，从京城到边关，又在战场一线待了那么久，他俩有一个共同的深刻的感触就是，政治和人一样复杂，要改革，但绝对不能这样冒进、激烈地推进。欧阳修他们把问题想简单了，石介的刚正不阿是天下人皆知的，但他的倔强和意气用事，也是摆在明面上的，如果他当谏官，搞不好会坏大事。

当然，此时的欧阳修，政治觉悟还欠一些火候，他还看不到这一点，所以他和其他谏官一样，正在为一次次大大小小的胜利而欢呼，为改革事业的快速推进而激动。殊不知，一场暴风雨即将到来。

附： 半亩诗田

《百家讲坛·一代文宗欧阳修》字幕古文内容摘录

- -

☐ 光阴催晏岁，牢落惨惊飙。白发新年出，朱颜异域销。
——欧阳修《初至夷陵答苏子美见寄》

☐ 不幸修无所能，徒以少喜文字，过为世俗见许，此岂足以当大君子之举哉？
——欧阳修《答陕西安抚使范龙图辞辟命书》

☐ 或击吾东，或击吾西，乍出乍入，所以使吾兵分备多而不得减息也。吾欲速攻，贼方新锐；坐而待战，彼则不来。

——欧阳修《通进司上书》

■　主人与国共休戚，不惟喜悦将丰登。须怜铁甲冷彻骨，四十余万屯边兵。

——欧阳修《晏太尉西园贺雪歌》

■　为君子者，修身治人而已，性之善恶不必究也……不修其身，虽君子而为小人……能修其身，虽小人而为君子。

——欧阳修《答李诩第二书》

第五章 /

庆历新政终失败
报国无门徒迷茫

○

欧阳修他们这批新谏官，疾恶如仇、言辞激烈，搞得朝廷和地方的官员们都很忌惮，大家开始梳理起过去的遗留问题，就怕哪天被罢官的厄运降临到自己头上。而另一边，宋仁宗看到这些举措有了明显成效，他更是迫不及待地要彻底大干一场。于是在庆历三年（1043）的八月，他让富弼接任了范仲淹枢密副使的职位，将范仲淹升任为参知政事，官级相当于副宰相。

看到皇帝如此高调、积极地进行人事调整，推行改革，范仲淹内心其实是有些忐忑不安的，他私下曾对朋友说："皇上对我的确是很器重，可是，冰冻三尺非一日之寒，朝政中的这些弊端，也并不是一下就能革除到位的。"可话说回来，范仲淹心里惶恐归惶恐，但也不可能抗旨不干呀，更架不住宋仁宗天天催他提交工作方案。于是，范仲淹就将他这些年对国事的思考，写成了一篇名为《答手诏条陈十事》的文章，在这篇文章里，范仲淹提出了改革的十项内容，分别是：明黜陟、抑侥幸、精贡举、择官长、均公田、厚农桑、修武备、减徭役、覃恩信和重命令。

通俗来说，明黜陟就是对官员的升迁实施严格的考核。抑侥幸就是改革"恩荫"制度，限制官员荐举的资格，限制官僚子弟荫补入仕的官阶和年龄。"恩荫"制度，是宋代给予六品以上官员的一项特权，六品以上官员在特定时间，就能向朝廷荐举子孙或亲族入朝为官。这不仅对寒门学子不公平，更重要的是容易造成官官相护的局面，久而久之，宋朝官场就形成了一张庞大的利益网，而且满地都是官。当时很多地方知府，甚至七十多岁了还不退休，冗官现象非常严重。第三项精贡举，是改革当时重诗赋、轻策论，只在纸上谈兵，不注重实践的科举考试制度。择官长，就是要慎重选择地方长官，对于不合格的官吏坚决免职，以此来澄清地方的吏治。均公田，就是要改善官员的待遇。宋朝一直是根据官员的品级，授予不同面积的"职田"，算是俸禄的一种。当时因为"恩荫"制度，朝廷里出现了田少官多的"冗官"局面，所以均公田就是重新划定各级官员所能分到的"职田"数量，尽量做到公平和均衡。厚农桑，就是兴修水利，重视农业生产。修武备，就是要恢复府兵制度。宋军羸弱，这是众所周知的事情，所以范仲淹希望通过恢复府兵制来加强宋军的战斗力。他提出，在京城附近招募强壮的男丁，充作京畿卫士，让这些人每年用三个季度来务农，用一个季度来训练，这样既可以辅助正规军打仗，又可以节省军需开支。而减徭役，就是减轻老百姓的徭役负担。覃恩信，是要求朝廷对自己曾颁下的惠民政策，都要一一落实。而最后一项重命令，就是要严肃对待和慎重发布朝廷的各项号令。

范仲淹的这十条改革措施，几乎涵盖了宋朝的吏治、经济、军事、法律等方方面面。随后，两位枢密副使，富弼和韩琦也积极响应，行动了起来。如此一来，一场以范仲淹、富弼、韩琦为领导核心的政治改革，就这样轰轰烈烈地拉开了序幕，历史上著名的"庆历新政"开始了。

由于宋仁宗的极度信任，范仲淹他们提出来的改革意见几乎一条不落地被落实了。欧阳修本来早就上书提过一些建议，而现在，那些建议大多变成了新政。看到这样大好的局面，欧阳修顿时也对大宋的未来充满了期待。

并且让欧阳修意外的是，他因谏言有功，不仅被皇帝赐予绯（非）衣银鱼五品官服，还升官为修起居注，算是仕途上迎来了一个小高潮。"修起居注"是一个什么官呢？简单来说，就是专门负责记录皇帝言行的人。按照传统，历代帝王是不能读国史的，这样做的目的主要是防止皇帝私自窜改内容，以保持史书记录的客观和公正。可欧阳修刚上任就发现，本朝的做法是每次修起居注写完一个时间段，都会抄一份副本，给皇帝过目，搞得撰写的人只敢歌功颂德，一点批评意见都不敢写。所以欧阳修一上任，立刻上了一道奏折给宋仁宗，大概意思是：皇帝您好，我建议从今天起，我写的起居注就不给您看了。

宋仁宗确实是开明，他不仅同意了欧阳修的这个建议，还再次将他升官为知制诰。这个"知制诰"就很厉害了，是专门负责起草皇帝诏令的人，相当于皇帝的机要秘书。很多宰相，都是从这个职位爬上去的。而且宋仁宗对欧阳修有多器重呢？一般来说，知制诰要先通过考试才能上任，但宋仁宗亲自给欧阳修开绿色通道，他宣布欧阳修可以不用考试，直接上任。要知道，宋朝自建国一百多年以来，此前只有两个人享受过这样的待遇，一个是陈尧佐，一个是杨亿，两位都是德才兼备的政坛大咖，陈尧佐后来也是官至宰相。所以这件事让欧阳修内心受到莫大的鼓舞，同时也激起他更大的政治热情，投身到这场改革的浪潮之中。

于是，他也趁热写了一封谏书叫《再论按察官吏状》，其中他建议朝廷选一批朝臣去各地考察地方官吏是否尽职。没想到这一建议也被宋仁宗采纳了，仁宗甚至还让范仲淹参与这个项目。范仲淹一看，皇帝都这么上心，自己更是得认真负责地工作。他先调出各地官吏的官册，然后一页一页仔细翻阅，一旦发现有尸位素餐的庸碌官员，他直接就把人家名字从官册上划掉了。范仲淹这种几乎不近人情的工作方式，让富弼看得心惊胆战，他对范仲淹说："范公您这轻轻一笔，别人一家老小就得抱头痛哭啊！"范仲淹却回道："那也比让百姓哭强啊！"其实这句话本身是没有什么问题的，但从现实角度来说，如此生猛的工作方式也很容易遭到别人的攻击，"庆历新政"搞到后期，就会印证我们的预判。

"新政"的另一个重要方面，就是改革科举考试制度。对这一项改革，欧阳修是举双手赞成的，他对宋朝的科举制度可谓深恶痛绝。首先，他自己就在科举考试上栽了两回大跟头。其次，他的好朋友梅尧臣、学生曾巩等，都是有才华的人，却都在科考时落榜了。所以他写了一篇叫《论更改贡举事件札子》的文章，他说："伏以贡举之法，用之已久则弊，理当变更。"而关于怎么变更，他是这样说的："知先诗赋为举子之弊，则当重策论；知通考纷多为有司之弊，则当随场去留。"什么意思呢？就是说之前的科举考试，都是先考诗赋，再考策论，很多人死记硬背一些作诗的模板和套路，也能浑水摸鱼，通过诗赋。那么现在换一下，先考策论（策论就类似于现在公务员考试中的申论），这样起码能把那些背模板的同学筛掉。

欧阳修还从人才选拔到人才培养，提出了一套完整的改革方案，后来这些方案被他整理成一个叫作《颁贡举条制敕》的文件，由朝廷正式发布。从那以后，全国各地，各类官办和私立学校一座接一座地建起来了，这对后来宋朝文化的全面兴盛起了关键作用。

虽然这边改革进行得很顺利，但欧阳修内心始终还惦记着一件事。那就是他少年时立下的誓言，要追随先师韩愈，改革文体文风，复兴古文。

当时朝廷里对麟州（今陕西神木市）的废存一事，正在展开激烈的讨论，最后宋仁宗打算派欧阳修去实地考察，顺路巡视河东路一带的官吏工作干得怎么样。不久，欧阳修就出发了，路过绛州的时候，突然天降暴雨，他只好在绛州滞留几天。绛州城里有一座著名的园林，叫"居园池"，之所以叫这个名字，是因为一篇名为《绛守居园池记》的文章。这篇文章的作者是韩愈的得意门生、唐代散文家樊宗师，此文以文风奇涩、意思难懂著称，而樊宗师之所以写这么一篇怪奇的文章，竟是为了遵从中唐"古文运动"口韩愈倡导的"务去陈言""辞必己出"的观点，在欧阳修看来，这显然是矫枉过正了。

这些年，随着欧阳修的思想和文学功力日渐成熟，他对韩愈思想和中唐"古文运动"，也有了一些更深刻的思考。"务去陈言""辞必己出"确实是重要的，但文学艺术的创新，不是一味地求新求怪、标新立异，而是要遵从艺术创作的规律。欧阳修认为，文学创新的前提，一定是自然和真情实感，真诚才是文学创作的本质和生命。欧阳修的这一观念，其实在韩愈文学思想的基础上又往前进了一步。

就在大家都干得如火如荼时，不出意外的话，意外就要来了。上文提到的夏竦，他蛰伏了半辈子，好不容易等到吕夷简退休，终于拨开云雾见天日，结果他上岗前一刻，被欧阳修他们一帮谏官毁了大好前程，让他从枢密使直接变成了亳州的小知州，再加上石介在《庆历圣德颂》里对他的谩骂，搞得他一时间就像个过街老鼠，狼狈不堪，这笔账，他迟早要加倍奉还的。夏竦心里恨到什么程度了呢？他一方面不停地上书，向皇帝辩解自己是被小人冤枉的，另一方面，他暗自集结那些因"新政"而利益受损的党徒，让他们到处散播谣言，说范仲淹、欧阳修、富弼这些改革派，其实早就结成了朋党、利益团体。

历朝历代，皇帝最忌讳的就是臣子们搞小团体啊。下边的人都结成了"朋党"，那皇帝就等于被架空了呀！所以宋仁宗一听到"朋党"这两个字，立刻就敏感起来了。有一天上朝，他就试探性地问大家，我从来都只听小人结党营私，难道君子也有党派吗？

范仲淹很机敏，一听皇上这话风不对啊，明显是意有所指。于是，他赶紧打圆场，说："苟朋而为善，于国家何害也。我之前在西部带兵打仗的时候，就发现军营里胆小的士兵跟勇敢的士兵，的确会分成两伙人，这可能就是'物以类聚，人以群分'吧。况且自古以来，朝堂上，不也有正派和反派吗？如果是君子之间交朋友，他们互相学习，对国家是有益无害的，我觉得这不应该阻止。"所以我们看，姜还是老的辣，相比早年掉天掉地那个范仲淹，这会儿的他，已经圆滑和成熟多了。

但是，另一边的欧阳修却惹祸了。那天欧阳修其实不在现场，他被派去麟州视察工作了。但他在途中听到这个消息，内心非常忐忑，不禁想起上一次自己就是因为帮范仲淹辩护，结果被划为他的朋党，最后被贬夷陵。所以这次，他必须要主动出击。在一个夜深人静的夜晚，欧阳修奋笔疾书，写下一篇《朋党论》。他原本的想法是以退为进，主动承认他跟范仲淹等一帮改革派就是朋党。所以，他在文章中说："然臣谓小人无朋，惟君子则有之。"言下之意，他们这一帮人就是朋党。不过，此"朋党"非彼"朋党"，皇上您大可放心。

他说："小人所好者利禄也，所贪者财货也。当其同利之时，暂相党引以为朋者，伪也；及其见利而争先，或利尽而交疏，则反相贼害，虽其兄弟亲戚，不能相保。故臣谓小人无朋，其暂为朋者，伪也。君子则不然。所守者道义，所行者忠信，所惜者名节。以之修身，则同道而相益；以之事国，则同心而共济；终始如一，此君子之朋也。"在这篇《朋党论》中，欧阳修说，小人之间因利益勾结，结成的是假朋党，哪天利益没有了，他们就会互相残害。而君子不同，君子是有道义、有忠信的，君子之间志趣相投，他们可以共同前进，为国家做贡献，并且始终如一，这就是君子之间的真朋党。

在这篇《朋党论》中，欧阳修不仅赋予"朋党"这个词新意，大方承认他和范仲淹等人互为君子之朋，还从理论上公开阐明士大夫结党的正当性和必要性，这在中国政治史上是具有开创性的。但同时，欧阳修忽略了一个很重要的问题，那就是在这篇文章中，他将政治与道德混为一谈了，就算欧阳修、范仲淹等一帮人都是君子，但那些守旧派就都是小人吗？人本身就是复杂多面的，君子和小人之间的界限，谁又能完全划分得清楚呢？但这一切在宋仁宗看来，我不管你是什么人，你们结党营私，就是触碰了皇权的底线。

所以，欧阳修这一次是真的欠考虑了。正是这篇《朋党论》让宋仁宗内心对改革派的态度发生了根本转变，从信任变成了猜忌，而这也成为"庆历新政"失败的一个重要转折点。这一切，范仲淹是看在眼里，痛在心上，他似乎已经预感到这次改革的结局了。于是，借着契丹和西夏的战事，他主动请辞参知政事一职，去西部当了一个安抚使，算是从朝廷这个"暴风眼"中提前撤了。

守旧派这边，夏竦看到宋仁宗和改革派之间终于有了嫌隙，更来劲了。其实他的仇人除了欧阳修他们，还有一位。在夏竦的家里，祭坛上摆了一个特殊的牌位，上面写着"夙世冤家石介"，这个人就是让他声名狼藉的国子监直讲石介。夏竦在亳州的时候曾收买了一名女仆，让她混入石介家里，模仿石介的笔记，给枢密使富弼写信，还伪造了一封富弼要石介起草的废除宋仁宗的诏书。果然，这件事情传开之后，朝野震惊。宋仁宗也不知道是真是假，但对于皇帝来说，宁可错杀一千，也不可能让自己的统治受到一点威胁。于是不久之后，富弼就被贬去河北任宣抚使，而石介也被贬为了濮州通判。

按理说，"真假诏书"这件事本来跟欧阳修扯不上半点关系，但他也被通知，将以龙图阁直学士的身份出任河北都转运使，等于是又被贬出京了。而让他更想不到的是，这次极力要把他贬出去的人不是别人，正是当年力荐他为谏官的宰相兼枢密使晏殊。晏殊当年推荐欧阳修，是觉得这个年轻人刚正耿直，是个可用之才，而如今晏殊要把欧阳修赶走，则是觉得他耿直过头了，一点不会迂回之道，虽然有才，但容易坏事。后来这件事被欧阳修知道了，他的确很生气，公开回撑晏殊，说："晏公小词最佳，诗次之，文又次之，其为人又次于文也。"

从这件事上，可以看出欧阳修的确是喜怒都形于色。其实，他这样毫无城府又处于政治改革的风暴中心，再加上那篇言之凿凿的《朋党论》，已经引起了皇帝的猜忌，晏殊这会儿让欧阳修出京，对他来说其实也不一定是件坏事。

这种猜测很快就被印证了。不久之后，连晏殊也被弹劾了，虽然弹劾他的理由多少有点牵强，但当时宋仁宗已经被改革派和守旧派之间的斗争搞得晕头转向，他干脆谁都不信了。一个月后，晏殊被贬去了颍州任知州，而他原来的职位就由另一核心老臣杜衍接任，那么杜衍就顺理成章地成了守旧派急需拔掉的新"眼中钉"。

但是守旧派没想到的是，杜衍性格内敛，说话、做事非常有分寸，而且他位高权重，根本找不到突破口。于是，守旧派再三考虑，决定将目标锁定在他女婿苏舜钦身上。欧阳修除了梅尧臣之外最好的朋友就是苏舜钦，经常在文章里提到的苏子美就是他。苏舜钦比欧阳修小一岁，几个月前刚由范仲淹推荐上任集贤殿校理、监进奏院。苏舜钦也没想到自己被盯上了。那一年秋天，他按照旧例邀请同事们聚餐，以往聚餐的费用，大家都是 AA 制，而这一次，他把卖公文废纸的五十贯钱也加在餐费里一起花了，这一花可就花出了问题。

此事还要说到当年的小老弟王拱辰，就是欧阳修当年科考殿试公布名次前，提前穿走了他新做的"状元服"的那位。他跟欧阳修之间的渊源，说起来非常深厚。当年欧阳修被胥偃榜下择婿招回家后，王拱辰也被宰相薛奎招为乘龙快婿，娶了薛奎的三女儿。而后来欧阳修的第三任妻子，正是薛奎的四女儿，所以欧阳修跟王拱辰就成了连襟，算起来，欧阳修还得叫王拱辰一句姐夫。但是很巧，王拱辰的发妻后来也病逝了，他又续弦了薛奎的五女儿，欧阳修一下又变成了王拱辰的姐夫。本来他跟王拱辰关系很好的，但"庆历新政"后，欧阳修站在了改革派这边，支持范仲淹变法，而王拱辰则站在了守旧派那边，反对变法，所以这两人的关系也就变得很微妙。

　　而此时的王拱辰官至御史中丞，他与夏竦为首的守旧派结盟，彻底成了他们那边的人。当王拱辰得知苏舜钦用卖公文废纸的钱聚餐后，就立刻跑去宋仁宗那弹劾他，说苏舜钦他们不仅公款吃喝，还亵渎先圣。最后这件事情越闹越大，结局是苏舜钦以盗用公款罪，被革职为平民，其他十多位参与了聚餐的官员也都一一被贬。王拱辰对这个处理结果非常满意，他当时对身边的人说："你看，他们都被我一网打尽了。"这就是历史上有名的"进奏院事件"，也是改革派和守旧派力量调转的一个关键节点。

从那以后，守旧派发起了猛烈进攻，他们不仅弹劾范仲淹和富弼结党营私、擅用职权，还上书指责宰相杜衍就是他们的朋党，一时间，舆论完全失控了。于是，两天之内，范仲淹被罢，富弼被罢，就连刚执政一百二十天的杜衍也不能幸免，被贬为了兖州知州。此时，改革派中，只剩下韩琦一人还暂时安全，但韩琦哪里还顾得了自己，他接连上书给宋仁宗，历数范仲淹、富弼他们的功绩。可宋仁宗这会儿是两边都不信任，他根本听不进任何人的意见。最后，韩琦也因为与当政者议事不合，被贬为了扬州知州。至此，改革派的核心成员算是全军覆没，而这场轰轰烈烈的"庆历新政"也基本上可以宣告失败。

此时，远在河北的欧阳修也时刻关注着京城的动态。苏舜钦被革职为平民了，他带着家眷去苏州前给欧阳修写了一封长信，在信中自辩其冤，说他是被小人给陷害了。欧阳修一边读着好朋友言辞激愤的信，一边从邸报上看着一个接一个的坏消息，虽然知道大势已去，但他还是准备上书为改革派申辩。其实从一个旁观者的角度，能看到欧阳修此时已经是"泥菩萨过河——自身难保"了，他自己难道意识不到吗？他心里肯定是知道的，只是他已经做了决定，就算再次被划为朋党，再次被贬谪，也无所谓，因为无论是出于正义，还是出于忠诚，他都不能坐视不理。

立春了，外面春风和暖，莺飞蝶舞，但欧阳修根本没心思欣赏这盎然的春光，他写下："天工施造化，万物感春阳。我独不知春，久病卧空堂。时节去莫挽，浩歌自成伤。"

在这段话中，我们可以感受到欧阳修此时的心境，是一种面对大好时光的无奈与落寞，他说自己此刻只有无尽的忧伤。那他在忧什么呢？忧的是前路曲折，未来迷茫啊，但为了自己的报国梦，就算付出再多代价，他也无怨无悔。

其实，这段时间以来发生的一切，让欧阳修亲眼目睹了什么叫伴君如伴虎。他也曾想过，干脆像好朋友石介一样，顺势隐退、逍遥山野间得了。但现实问题是，窘迫的家境并不允许他这么干，更关键的是，他自己也不愿意辜负从小立下的报国理想。所以就算到了如此艰难的时刻，他还是决定要继续往前走。而他不知道的是，更大的危机马上就要来了。

有一天，开封府上报了一起通奸案，案件的女主角是一位叫张氏的女性，而案件的男主角竟然是欧阳修。这位张氏自称欧阳修是他的舅舅，说欧阳修不仅霸占了她的人，还霸占了她的财产。消息一出，整个朝廷里的人都惊掉了下巴。

那这到底是怎么一回事呢？当年欧阳修的妹夫张龟正突然去世，留下孤苦伶仃的妻子和他与前妻所生的一个女儿，而这个女儿就是张氏。当时欧阳修看寡妹孤甥怪可怜的，就把她们都接回汴京跟自己一起生活。几年后，张氏长大了，而且出落得亭亭玉立，欧阳修就将她许配给了自己的堂侄子欧阳晟。可没想到，几年后，张氏竟然跟欧阳晟的仆人勾搭在了一起。再后来事情败露，被戴了绿帽子的欧阳晟，就将张氏和她的小情人一起送去了开封府。好巧不巧，时任开封府府尹的人叫杨日严，这个人早年因贪污渎职，被欧阳修弹劾过，一直怀恨在心，所以当他看到这案件是欧阳修的家人，立刻就来了精神。他对张氏威逼利诱，让张氏在堂审的时候说自己之所以行为不检点，是因为小时候寄居在欧阳修家，被欧阳修引诱、侵犯过，导致自己心理畸形。

这"证词"一出，事情立刻就闹大了，而在这节骨眼上又有人拿出了一份"铁证"，是什么呢？就是欧阳修早年所作的一首名为《望江南·江南柳》的词：

江南柳，叶小未成阴。人为丝轻那忍折，莺嫌枝嫩不胜吟。留著待春深。　　十四五，闲抱琵琶寻。阶上簸钱阶下走，恁时相见早留心。何况到如今。

在这首词里，欧阳修将初春的新柳比喻成十四五岁的花季少女，说她天真烂漫的样子实在让人难以忘怀。这下轮到欧阳修傻眼了，这首词确实是他写的，但他想不明白的是，一首词和这些毫无实据的事情是怎么被编派得就跟真的一样了呢？但是从别人的角度来看，外甥女从小寄居在家里，"和外甥女私通"又是当事人的亲口讲述，想让大家不相信都难啊。

而这个时候，还有一个人跳出来又添了一把火，他就是谏官钱明逸。原来，欧阳修之前在修编《新五代史》的时候，痛贬了钱明逸的祖宗，即吴越国的建立者钱氏家族，导致钱明逸极其痛恨欧阳修。他为了扳倒欧阳修，不惜自己出钱买下了张氏原有的家产，落在欧阳修名下，然后再弹劾欧阳修养育张氏的目的就是为了霸占张龟正的财产，简直是私德败坏。幸好当时的内侍王昭明还比较正直，在巨大的压力下，他坚持上报欧阳修的案情，只涉及张氏所供的私通，并没有霸占财产等情况。

在范仲淹、韩琦和富弼等人被贬到外地，欧阳修正想上书为他们辩护的时候，就被爆出来如此不堪的"桃色"绯闻，就算确定是政敌所为，又有什么办法呢？此时的欧阳修已经被架上火炉，火也点上了，他毫无退路。虽然宋仁宗也不相信欧阳修会做出如此伤风败俗的事来，甚至他还下诏表态站欧阳修这边。但人言可畏啊，守旧派的政敌们更是一个接一个落井下石，集体要求罢免欧阳修。最后仁宗皇帝被闹得没有办法，在庆历五年（1045）的八月，将三十九岁的欧阳修贬为滁州知州，而这也宣告着一场轰轰烈烈的改革运动彻底失败了。

欧阳修身心俱疲地走在去滁州的路上，他突然发现这些年自己的同事、朋友不是被贬，就是在被贬的路上，无一幸免。再看看繁华的汴京，他竟然找不到一个志趣相投的人。欧阳修有时候也迷茫，他不知道自己之前冒进的言行是否正确，但他始终确信的一点，就是他问心无愧，他无愧于自己，更无愧于国家。

那欧阳修在滁州，又将历经怎样的境遇呢？

附： **半亩诗田**

《百家讲坛·一代文宗欧阳修》字幕古文内容摘录

□　知先诗赋为举子之弊，则当重策论；知通考纷多为有司之弊，则当随场去留。

——欧阳修《论更改贡举事件札子》

□　小人所好者利禄也，所贪者财货也。当其同利之时，暂相党引以为朋者，伪也；及其见利而争先，或利尽而交疏，则反相贼害，虽其兄弟亲戚，不能相保。故臣谓小人无朋，其暂为朋者，伪也。君子则不然。所守者道义，所行者忠信，所惜者名节。以之修身，则同道而相益；以之事国，则同心而共济；终始如一，此君子之朋也。

——欧阳修《朋党论》

□　江南柳，叶小未成阴。人为丝轻那忍折，莺嫌枝嫩不胜吟。留著待春深。　　十四五，闲抱琵琶寻。阶上簸钱阶下走，恁时相见早留心。何况到如今。

——欧阳修《望江南·江南柳》

第六章

仕途跌宕心犹坚

酒醉不改清醒志

轰轰烈烈的庆历新政，仅仅历时一年半就以失败告终。

其实，任何政治改革的成功与否都是诸多因素的综合作用。历史上，宋朝在文化上虽然繁荣一时，但国家实力一直不强，在与同时代的辽、西夏，还有后来金的这种往来交涉中，时常处于下风。尤其到宋仁宗执政期间，国家内忧外患，民族矛盾和阶级矛盾都已经到了非常尖锐的程度。

宋王朝在跟西夏和辽国的战事上，虽然最后都议和了，但北宋是以每年支付巨额的银两和茶绢作为岁贡，来买得的苟安。这些钱从哪里来呢？就靠着在国内横征暴敛，搜刮老百姓呗！所以搞得民众苦不堪言。而宋朝的土地政策是从来

"不立田制，不抑兼并"，所以后来成了一个什么样子呢？"富者田连阡陌，贫者无立锥之地"，贫富差距巨大，地主阶级和农民阶级的矛盾到了顶峰，各地农民和士兵的武装起义是"一年多如一年，一火强如一火"。

而且宋朝的官吏制度也是史上最复杂的，官职名目众多，通过恩荫当官的人不在少数，而且官员晋升不需要政绩，每三年凭资历就可以升迁。因此，北宋的官员队伍是越来越庞大，不仅行政效率低下，俸禄开支也越来越多。

在这种内忧外患，"积贫"又"积弱"的局面下，宋仁宗算是一个明君了，他正是因为意识到了这些问题，所以在宰相吕夷简病退的第一时间就召回了范仲淹，紧接着起用韩琦、富弼、欧阳修等人，力图通过这些先锋人士来化解北宋积压已久的弊病。

范仲淹当时已有二十八年的工作经验了。他从地方小吏到朝廷重臣，从兴修水利到坐镇西线战场，这些经历已经将他历练成一位比较成熟的政治家了，而且范仲淹的能力和人品，大家有目共睹，当时人们用"朝廷无忧有范君，京城无事有希文"来肯定他的功绩，而这也是他能够被宋仁宗和士大夫们集体推选出来，担起这次改革重任的重要原因。范仲淹洞察力也很强，他直接从政治改革入手，一下就切中了时弊要害。在他提出的《答手诏条陈十事》里，其中有几条都是关于整顿吏治的，比如明黜陟（音志）、抑侥幸和择官长，这三条新政策一颁布，就将那些论资排辈、靠家族关系、没有能力的人，全都挡在了仕途之外。范仲淹自己是身正不怕影子斜的，力图凭一己之力改变宋朝官场的痼疾，但这也意味着他动了整个官僚队伍的奶酪，必定会引起许多朝臣的激烈反抗。

其实，任何王朝的改革都是一件得罪人的事情。当年商鞅变法就得罪了秦国几乎所有贵族，结果商鞅被车裂而亡。庆历新政也不例外，改革的每一项内容都与旧贵族有利益冲突。就拿选官方式来说，北宋自立国以来形成的"恩荫制"，突然间说变就变了，那些既得利益者当然要群起而攻之了，而且是改革越深入，旧贵族们的反抗就越激烈。

为此，各种诋毁以范仲淹为首的"庆历新政"施政者的恶意言论就出现了。如果只是骂一骂，倒没什么，但守旧派将自古政治斗争的一个老话题搬了出来，那就是皇权和相权不和的问题。他们举报范仲淹、富弼、欧阳修等人结成一党，权力越来越大，甚至还有废立皇帝的可能。事情的性质和严重程度由此改变和升级。

而这个时候，宋仁宗的态度就很关键了。可惜宋仁宗偏偏又是个性格柔弱的皇帝，纵观整个改革历程，他都是一种瞻前顾后的状态，本来一开始还是比较坚定地要改，但随着朝臣们的反对声越来越大，他对新政的支持力度也就越来越小，特别是当夏竦以"朋党"的罪名构陷范仲淹时，宋仁宗立刻陷入了对范仲淹的猜忌之中。而范仲淹的确也高估了宋仁宗对他的信任。后来的"王安石变法"，宋神宗与王安石之间，那君臣相知之深可以说古今无二，甚至宋神宗还对吕惠卿说："安石政事，即朕之政事也。"两人之间信任到了这种程度，最后王安石还落得个被罢相、曲终人散的下场。而我们再看范仲淹与仁宗皇帝之间，远没有达到这种心心相印的关系，况且宋仁宗比宋神宗还要优柔寡断，再加上欧阳修一篇《朋党论》，光明正大地宣扬"朋党"有理，这就彻底犯了历代皇帝的大忌，让宋仁宗选择了"宁可错杀一百，也不可放过一个"，将范仲淹、欧阳修他们这帮改革派，一撸到底。

　　"庆历新政"失败的原因很复杂，可以大致归结为三类：有保守派的激烈抵抗，有宋仁宗的犹豫动摇，也有改革派自身的考虑不周全。改革虽然失败了，但它对宋朝的经济、军事和文化还是有积极影响的，而且范仲淹、韩琦、富弼和欧阳修等一众改革先锋，在那个时代能以天下为己任，他们"日夜谋虑兴致太平"的精神，是难能可贵的！

　　当然，也正因为"庆历新政"的失败，让

四十岁的欧阳修的政治生涯跌入了谷底，他被贬为滁州知州。祸不单行，同一年夏天，他十岁不到的爱女欧阳师也不幸夭折了。当欧阳修得知这一噩耗，悲痛欲绝地写下一首《哭女师》："暮入门兮迎我笑，朝出门兮牵我衣。戏我怀兮走而驰，且不觉夜兮不知四时。忽然不见兮一日二思。日难度兮何长，夜不寐兮何迟！暮入门兮何望，朝出门兮何之？恍疑在兮杳难追，髯两毛兮秀双眉。不可见兮如酒醒睡觉，追惟梦醉之时。八年几日兮百岁难期，于汝有顷刻之爱兮，使我有终身之悲。"

这首诗在欧阳修的诗作中别具一格，仿照骚赋体的写法，用楚辞常用的感叹词"兮"，让我们读起来有一种哀婉、缠绵、反复咏叹的抒情基调。在这首诗里，欧阳修并没有直抒胸臆，而是通过具体的生活场景来写爱女生前可爱的样子，特别是最后一句"八年几日兮百岁难期，于汝有顷刻之爱兮，使我有终身之悲"。意思是女儿啊，你忽然不见，百岁难期。我仅仅爱了你八年，仅仅这样，就带给我终生的悲痛。因此，这首诗让人读起来是非常哀伤的，能体会到欧阳修那种"此恨绵绵无绝期"的心痛。

欧阳修刚到滁州的时候，正经历着事业和家庭失意的双重打击，而滁州又是一座四面环山的偏僻小城，荒凉又闭塞，这让欧阳修内心更加不平和愤懑。新政退潮，他曾预想过自己各种各样的可能，但他实在没有想到，那些公报私仇的政敌会捕风捉影编造他的私生活，以"跟外甥女私通"这种最卑劣的手段来扳倒他。所以，他在《滁州谢上表》中依然极力辩解，说这些莫须有的罪名是小人的诽谤和陷害，就是因为自己担任谏官的时候抨击了权贵。但欧阳修一个人的声音，在当时是微弱且无力的，哪怕是千年后，他"盗甥"一案都是世人辩论不休的一段公案。今天再去争论到底有没有这件事情，已经不那么重要了，而反省在党派之争或政见之争中，应该具有怎样的原则和限度，或许更为重要。

一段时间后，欧阳修一家老小也从汴京搬

来了滁州，有了家人的陪伴，欧阳修的心情好多了。滁州确实闭塞，但闭塞的好处就是安定，当时滁州就像陶渊明笔下的"世外桃源"一样。欧阳修在《丰乐亭记》里这样形容："舟车商贾、四方宾客之所不至，民生不见外事，而安于畎亩衣食，以乐生送死。"欧阳修发现，滁州当地的百姓基本不了解外界所发生的一切，他们大多安于耕田种地，自给自足，过得倒也快乐闲适。

由于滁州地处偏隅，民风淳朴，欧阳修的工作也比较清闲，公务之余，他就跟同事们到处游山玩水，以此来排解内心的烦闷。欧阳修豪爽、随和的性格，也让他在新同事中人缘很好，很快他就交到了一帮好朋友。其中最与他投缘的，要数当时的滁州通判杜彬。他俩的相识，还挺有意思的。

杜彬这个人通晓音律，尤其擅长弹琵琶，但是他的个性很孤傲。欧阳修刚上任的时候，滁州州府就办了一场酒宴，为他接风洗尘。席间，欧阳修听说杜彬琵琶弹得不错，就邀请他即兴弹一曲，结果杜彬板着脸，回了两个字："不会。"搞得欧阳修这一州之长非常尴尬。好在欧阳修是个宽厚的人，他尴尬地笑笑，这事也就过去了。后来随着他和杜彬的接触越来越多，二人也就逐渐熟了。有一天杜彬请欧阳修去他家吃饭，几杯酒过后，他突然起身，主动抱起自己的琵琶，为欧阳修弹了一曲。也是从那天起，他俩就成了知己。

杜彬经常带欧阳修踏看乡野、访察民生，而他俩最爱去的地方是位于滁州西南的琅琊山。琅琊山，因为琅琊王司马睿渡江建立东晋的时候曾驻留滁州而得名。琅琊山里本来有一口清泉，叫庶子泉，是唐代滁州刺史李幼卿开凿的。后来庶子泉不知道被哪一代的山僧填平了，现在只剩下一口大井，但在井边的石头上还完好地保留着唐代书法家、李白的叔父李阳冰篆书的《庶子泉铭》。十年前，欧阳修在编修《崇文总目》时，有幸见过《庶子泉铭》的拓本，如今可以亲临现场，见到真迹，让他非常惊喜。所以，他经常在那块石头前徘徊，也算是自己谪居生活中的一点小乐趣了。后来欧阳修还在山僧的指引下，发现石头旁边竟还有十八个李阳冰篆书而后石刻的字，这让他如获至宝。他将拓本分别寄给了梅尧臣和苏舜钦，并向好朋友分享着自己这一新发现的喜悦。

在琅琊山上，还有一座祠庙，供奉着宋初刚正之臣王禹偁的画像。王禹偁是宋太宗时期的名臣，也是北宋诗文革新运动的先驱之一，因为直言敢谏，他曾三次担任知制诰，又三次被贬。五十多年前，王禹偁就因言事被贬滁州。他在滁州任职期间，为政宽简，深受当地百姓的爱戴，所以老百姓们就建了一所祠庙来纪念他。

欧阳修很敬仰这位先贤的品德和魄力，他一有时间就会前往祠庙中拜谒，每次伫立在王禹偁的画像前，仿佛都能获得一种超越时空的精神力量。所以，欧阳修在《书王元之画像侧》中写道："想公风采常如在，顾我文章不足论。名姓已光青史上，壁间容貌任尘昏。"意思是，虽然岁月的风尘会侵蚀壁间的画像，但王公的大名和高风亮节早已光照千秋万代。

在琅琊山的东边还有一座丰山，丰山一面高峰耸立，另外三面幽谷深藏，而山谷的深处有一股清泉潝然而出。欧阳修就带领官兵和当地的民众一起，凿开山石，把泉水引至山下。他将这口泉命名为幽谷泉，并在泉边建了一座丰乐亭，亭子两边装饰着六块唐代传下来的菱溪石。在丰乐亭不远处，欧阳修还开辟了一块平地作为练兵场，平时用来操练兵士，保障滁州的治安。这样一来，当地百姓又多了一个出游胜地，欧阳修在给好朋友的信中说"自此得与郡人共乐"。

为此，他还特意写下一篇《丰乐亭记》，记述建亭子的过程。这篇文章总共不到五百个字，但欧阳修却婉转流畅地表达出他与民同乐的"乐"意。全文都是围绕一个"乐"字在写。比如欧阳修形容自己发现幽谷泉时，是"俯仰左右，顾而乐之"。滁州虽然交通闭塞，但百姓"安于畎亩衣食，以乐生送死"。而欧阳修对滁州这座小城的印象，也是"乐其地僻而事简，又爱其俗之安闲"。他之所以写《丰乐亭记》，是"使民知所以安此丰年之乐者，幸生无事之时也"。意思是让百姓安此丰年之乐，就是这座亭子叫"丰乐亭"的缘由了。

《丰乐亭记》与后来的《醉翁亭记》，都是欧阳修的传世名篇，文章中平易的措辞、精练的语言和高远的立意，形成了欧阳修散文独特的美学风格，而这种风格，后来被世人称为"六一风神"。

其实，滁州的这段贬谪生涯是欧阳修思想上一个重要的转折点。他刚到滁州之时，是事业受挫、爱女离世，自己又深陷桃色绯闻之中，可以说在三重打击之下，他处在崩溃的边缘。而一段时间之后，欧阳修发现自己逐渐适应了滁州的山居生活，比起汴京无休止的工作和勾心斗角的环境，这里幽寂又清闲，实在是能让自己全身心放松之地。

作为一名关爱黎民、喜欢与民同乐的官员，

欧阳修历来主张为政宽简，在滁州他也不例外，采取的是"务大体，简细事"政策，也就是官府抓大方向就行了，尽量不要用琐细的事情去折腾百姓。在欧阳修眼中，什么事情才是"大体"呢？练兵就是必须要做的大事，他作为"知滁州军州事"，操练士兵是他的本职工作，他可不能像自己之前弹劾的那些州官县令一样，平时不练兵，一旦有山贼盗匪来了，自己先弃城逃跑。

曾经有人问欧阳修，说您这为政宽简，但政事好像也并没有弛废，这是什么道理呢？欧阳修是这么回答的："以纵为宽，以略为简，则政事弛废，而民受其弊。吾所谓宽者，不为苛急；简者，不为繁碎耳。"意思就是，如果我们把宽理解为放纵，把简理解为疏忽，那确实是会导致政事荒废，百姓也会蒙受其害。但我所说的宽松，是不做苛刻、急切的事，而我所谓的简，是不做繁碎的事情罢了。这就是欧阳修宽简政策的原则。

滁州的这种自然风光和安定氛围，让欧阳修有足够的时间和心情来进行他最喜欢的写作。他的文思和灵感有如泉涌，将他带入又一个文学创作的黄金时期。此时，欧阳修不仅在散文写作上越来越成熟，他在诗歌方面也进行着新的艺术尝试。

欧阳修的文章受韩愈的影响很大，但是他在先师韩愈的基础上又加入了自己的思考。一方面，他吸收了韩愈以文为诗的特点，将诗歌散文化、议论化；另一方面，他在保留韩愈文风雄浑、畅达的同时，又去除了韩愈用语晦涩、怪奇的特点。

而在文章的繁简上，早期欧阳修在西京留守府工作的时候，曾向尹洙学习，把文章写得极简练和精巧。后来，随着欧阳修自己的创作经验越来越丰富，他对尹洙的"简古"写法也有了新的看法。他认为，简洁虽然是古代散文的一大优点，但简洁有时候是要牺牲语言的灵活性与自由性的。在洛阳期间，欧阳修确实很排斥骈偶文的辞藻繁缛，但是后来他意识到骈偶排比和单句散行，本来就是语言中的自然现象，反对"西昆体"可以，但不应该拒绝骈偶的语言形式。所以，后来欧阳修在他的文章中，有意识地运用古文的笔势笔调，来组织骈偶排比的语言成分。他将散句和骈句穿插着写，形成一种"似骈非骈，亦骈亦散"的文体。这就是欧阳修独特的散文风格：用清新流畅的语言、自然的章法，来表达深刻的思想感情。

而体现他散文创作走向成熟的代表作，就是那篇著名的《醉翁亭记》。那么，为什么欧阳修要给自己取一个"醉翁"的号呢？在《醉翁亭记》里，他是这样说的："太守与客来饮于此，饮少辄醉，而年又最高，故自号曰'醉翁'也。"意思是我跟别人喝酒，喝一点儿就醉了，而我的年纪又是他们当中最大的，所以我就叫自己"醉翁"了。其实写这篇文章的时候，欧阳修才四十岁不到，怎么说也不能算"翁"吧，那么他的这个"醉翁"究竟有何深意呢？

在欧阳修同时期所作的一首诗《题滁州醉翁亭》里，他透露了这个秘密："四十未为老，醉翁偶题篇。醉中遗万物，岂复记吾年。"喝醉了可以将万物遗忘，我哪里还记得自己曾经历的流年往事呢？所以，欧阳修的"醉"，很大部分原因是要借酒浇愁，忘却往事。

因此，在《醉翁亭记》中，"醉"是一种心态，是陶醉，是沉醉，是酒不醉人人自醉。醉翁之意不在酒，在乎山水之间也。谪居在滁州的这段时间，欧阳修用他的"宽政"把这个地方治理得井井有条，来往的老百姓，个个脸上都挂着笑容。在这里，"临溪而渔，溪深而鱼肥。酿泉为酒，泉香而酒洌，山肴野蔌，杂然而前陈者，太守宴也"。此情此景，怎么能不让身为一州之长的欧阳修沉醉呢？这里就好像一个世外桃源，让欧阳修暂时忘记了他在汴京所经历的一切不快。

这篇文章还有一个非常重要的字，就是"乐"，"乐"字可以说是全篇的核心思想。但如果《醉翁亭记》只是一篇寄情山水的悠乐之作，那它在文学史上的地位不会这么高。实际上，贯穿全篇的这个"乐"字，它的情感体验是多维的，"乐"，既有山水之乐，有他与民同乐，还有欧阳修面对人生低谷时的自适之乐。

而再进一层，《醉翁亭记》里，从山水之乐，写到与民同乐，通过描写滁州一带的迤逦山水，复现自己在山里跟百姓们游玩宴饮，刻画出来的是一个心怀天下、兼济苍生的地方长官。纵使被贬谪至此，欧阳修心中还有未实现的理想和抱负，纵然处在人生的低谷，他依然热爱置身的土地，怜悯这里的百姓。所以，他全身心地致力于政务，为安邦安民贡献着自己的力量，用实际行动证明着自己作为一名儒者的天地之心。

其实，如果我们仔细读这篇文章，就会发现欧阳修的孤独。比如在众人欢聚的时候，他突然来了一句："苍颜白发，颓然乎其间者，太守醉也。"可以想象那个画面——宾客们都在宴会上喝酒、欢呼的时候，有一位头发花白、憔悴的老人，醉倒在人群中，凑过去一看，原来是太守大人。

是不是感觉有一种落寞和悲伤，不经意间流露了出来？大家欢聚一堂，唯独欧阳修很难融入其中，四十岁不到，人已经是苍颜白发？他为什么这么憔悴呢？怕是内心的失落和悲戚让他孤独吧。所以他想醉，想要以酒释怀，借醉消愁啊。

"醉翁之意不在酒，在乎山水之间也。"千百年来，这句话不知道被多少人引用过，但是它其中的真意是什么呢？欧阳修并不是一个特别好酒的人，相比陶渊明的"忽与一觞酒，日夕欢相持"，或者李白的"两人对酌山花开，一杯一杯复一杯"，欧阳修反而是"饮少辄醉"，那么，一个不胜酒力的人称自己为醉翁，他是真的喝醉了吗？没有！不仅没醉，他还非常清醒。醉翁之意不在酒，在乎山水之间也，山水之间有什么？有日出日落，还有四时变幻。四时之景不同，则乐亦无穷也。既然连天地自然都有四季轮回的变化，那人生的朝夕变迁又有什么接受不了的呢？所以，这才是欧阳修真正的人生态度：在挫折和困难中，努力去寻找快乐，追寻自己的理想。这也是一位儒者入世的至高境界。

据说《醉翁亭记》当年一经传出，天下人莫

不传诵，家家户户都抢着读这篇千古佳作。琅琊山的僧人把全文刻在了醉翁亭旁边的石碑上，结果前来求取拓本的人络绎不绝，导致寺庙里打碑的毡子全部用光了，最后连和尚们垫着睡觉的卧毡也被拿去用了。而更夸张的是，当时很多商人也来求拓本，据说，他们随身带着这本《醉翁亭记》，"所遇关征，以赠监官，可以免税"。总之，火爆到离谱。

千百年来，世人推崇这篇文章，除了文章本身情景相融的诗情之外，更在于这是一篇欧阳修于苦难中炼出的华美之章。当年被贬夷陵时，欧阳修就曾暗下决心，一定要善待逆境，将贬谪生活作为自己砥砺节操、修炼心境的契机。如今，也许是经历了太多苦难，此时的欧阳修，虽然说四十未为老，但内心已经开始发生一些微妙的变化，锋芒和锐气正在渐渐地收敛。

偶尔，他也在想，相比自己的那几个好朋友，其实自己还算处境好的了。比如梅尧臣，才华一点也不亚于自己，结果考了无数次进士，全部落榜，还在给人家当幕僚。我们在讨论欧阳修的仕途顺不顺的时候，梅尧臣连入仕的资格都没有拿到，一生怀才不遇，他能不苦吗？再就是石介，自从被夏竦的"假诏书"案构陷，他就被迫辞掉了国子监直讲的工作，回了山东老家，一年后，才四十一岁的他就病逝了。更惨的是，石介去世后，夏竦还不解气，到处散播谣言，说他是诈死，实际上是被富弼派去了契丹，意图起兵谋反。给宋仁宗吓得不行，第一时间罢免了富弼京东安抚使的职位，第二时间派人去石介墓地，要开棺验尸。在中国人的传统观念里，人死后还遭开棺，那绝对是不可想象的祸事。

当我们都以为，夏竦对石介的迫害发展到开馆验尸就应该到头了，但其实还没结束。当时杜衍正好出知兖州，他为石介做担保：不会有不臣之心。后来契丹也没有侵扰大宋，谣言就不攻自破了，富弼也官复原职。夏竦一看，自己的计谋没有得逞，又跑去给宋仁宗吹耳边风，说上次石介游说契丹没有成功，这次又被富弼悄悄派去了登州和莱州勾结暴徒，准备叛乱。搞得宋仁宗又一次下令开棺验尸，从中可以看出这仁宗皇帝没什么主见。最后是石氏家族和石介的数百门生联名担保他不会谋反，才免去石介被开馆的灾祸。

当身在滁州的欧阳修听到石介这桩离谱的冤事，气得一声长叹，写下："我欲哭石子，夜开徂徕编。开编未及读，涕泗已涟涟。"写完诗，欧阳修还是难平内心的愤怒，他又写信给石介的妻子，说自己决定为石介写墓志铭，他要亲笔记录这千古奇冤。可惜当时受石介牵连，他的家属全部被发配去了外地，没有收到欧阳修的信。直到石介去世二十一年后，朝廷为其平反，欧阳修才完成为他撰写墓志铭的心愿。

再说到尹洙，当年尹洙也被划为范仲淹的"朋党"，以挪用公款替部将还债罪被贬均州。可没想到，尹洙没多久便去世了，他的安葬费还是朋友们一起凑出来的。

在好友们接连离世的重击下，欧阳修的心情跌到了谷底，接着他自己的身体情况也亮起了红灯，病倒了。好巧不巧，这时候宋仁宗突然心血来潮，想起了这位忠不避危、无罪遭贬的欧阳修。这都两年过去，也差不多了，于是，仁宗皇帝一道诏令，让欧阳修改任扬州知州。

扬州跟滁州可不一样了，它是繁盛的大都督府，不仅水路交通方便，而且经济发达，当时只有受到重用的人才会被派去扬州任职，所以欧阳修调往扬州，也就意味着他的这次贬谪生涯结束了。

这一年，欧阳修四十二岁，接到诏令的时候，虽然病还没有好，但没办法，诏令下了就得去赴任，所以，他只好匆匆收拾行李，从滁州启程赶往扬州。他在扬州又将遇到哪些挑战呢？

附： **半亩诗田**

《百家讲坛·一代文宗欧阳修》字幕古文内容摘录

- -

□ 醉翁之意不在酒，在乎山水之间也。

——欧阳修《醉翁亭记》

■　暮入门兮迎我笑，朝出门兮牵我衣。戏我怀兮走而驰，旦不觉夜兮不知四时。忽然不见兮一日千思。日难度兮何长，夜不寐兮何迟！暮入门兮何望，朝出门兮何之？恍疑在兮杳难追，髭两毛兮秀双眉。不可见兮如酒醒睡觉，追惟梦醉之时。八年几日兮百岁难期，于汝有顷刻之爱兮，使我有终身之悲。

——欧阳修《哭女师》

■　舟车商贾、四方宾客之所不至，民生不见外事，而安于畎亩衣食，以乐生送死。

——欧阳修《丰乐亭记》

■　想公风采常如在，顾我文章不足论。名姓已光青史上，壁间容貌任尘昏。

——欧阳修《书王元之画像侧》

■　以纵为宽，以略为简，则政事弛废，而民受其弊。吾所谓宽者，不为苛急；简者，不为繁碎耳。

——《宋史·欧阳修传》

■　太守与客来饮于此，饮少辄醉，而年又最高，故自号曰"醉翁"也。

——欧阳修《醉翁亭记》

◪ 四十未为老，醉翁偶题篇。醉中遗万物，岂复记吾年。

——欧阳修《题滁州醉翁亭》

◪ 苍颜白发，颓然乎其间者，太守醉也。

——欧阳修《醉翁亭记》

◪ 我欲哭石子，夜开徂徕编。开编未及读，涕泗已涟涟。

——欧阳修《重读徂徕集》

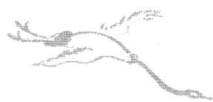

第七章 /

宦海几度浮沉
工作狂心依旧

扬州自古以来都是繁华之地，其实这不是欧阳修第一次到扬州，二十年前，他跟着恩师胥偃进京的时候就曾路过扬州，那是他第一次知道，原来大宋还有如此兴盛发达的地方。这时光一晃，人生过半，没想到自己有一天，竟然会成为扬州的父母官，所以当欧阳修以知州的身份再次踏入扬州时，他内心实在是感慨颇多。

欧阳修这次其实是顶替了韩琦的职位，而韩琦则被调去河北统兵治边去了。上班第一天，欧阳修就跟扬州的同事们"约法三章"：一是一切政务，都按照韩琦在任时所制定的规则执行。二是韩琦离任时没有做完的工作，都由他来跟进完成。三是新的公务，就按照他在滁州的管理经验，实行宽简政策。就这样，欧阳修仅仅上任三个月，就成了扬州百姓口中的金牌父母官。以至于多年后，苏辙在一篇悼念欧阳修的文章中谈到这段为官经历时说："其政察而不苛，宽而不弛，吏民安之，滁、扬之人，至为立生祠。"

就是说欧阳修的宽简政策，让地方的管理有条不紊，百姓安居乐业，滁州、扬州的人就给他立了一座生祠。生祠就是给活着的人建祠庙。按照传统习惯，一般都是在人去世后，人们细数他生前的功绩，才决定要不要给他立祠庙。所以，大家给欧阳修立生祠，绝对是对他政绩和人品至高的肯定。

在扬州，欧阳修经常会想起一位老友，这个人就是苏舜钦。当年苏舜钦因为"进奏院事仵"被削官后，就带着一家老小去了苏州。苏州离扬州很近，所以欧阳修一直就想找个时间邀请苏舜钦来扬州一聚。

说到苏舜钦，他到苏州之后，其实给当时的宰相文彦博写信自辩过，希望他可以帮自己洗脱冤屈。果然，没过多久，朝廷突然开恩给他恢复官籍，让他去湖州任长史。长史是一个什么官职呢？它比知县还小一级，是辅佐知县的小官吏，也叫"别驾"。要知道苏舜钦被削官之前，可是馆阁重臣——集贤殿校理，现在让他去当长史，相当于一种变相的侮辱，所以清高的苏舜钦自然不会接受，他没有去赴任。

扬州毕竟是大城市，公务比滁州要繁忙得多，把欧阳修累得晕头转向，所以邀请苏舜钦相聚的计划是一拖再拖。有一天，欧阳修在家里收到一封急报，打开一看，是一封讣告，说苏舜钦病逝了！欧阳修简直不敢相信这是真的，他拽着信反复翻看，就在前段时间，苏舜钦还跟他书信往来，两人诗歌唱和，怎能想到他是将要离开的人，况且苏舜钦才刚刚四十一岁啊。

苏舜钦的离世对欧阳修来说又是一记重击，再加上扬州知府繁杂的行政事务，致使欧阳修又病倒了。这一次生病，身体最明显的反应是他的眼睛极其干涩，看东西也模糊不清。我们现在来说，可能就是近视加重了。但那会儿的医术有限，欧阳修找了个郎中看病，却被郎中忽悠着行"内视之术"。我们今天已经不知道这"内视之术"具体是一种怎样的治疗方案，反正就是欧阳修照办之后，不到一个月，他的双眼疼得像被刀割一般，不仅不能读书写字，连周围的东西都看不清了。

当身体和心情都处于谷底的时候，欧阳修第一次感觉到自己可能真的老了，面对好友的离去、自己每况愈下的身体，还有繁忙的工作，他感到前所未有地力不从心，不想再待在扬州了，于是主动向朝廷提出，改调去旁边的小郡颍州任知州。

不久之后，他的请求顺利被批准了。颍州地处今天的安徽阜阳，这里既不像滁州那般闭塞，也没有扬州那么热闹，地方不大不小、民风淳朴，政务也比较清简。唯有一点让欧阳修硌硬的，就是颍州通判吕公著。因为这位吕通判是前任宰相吕夷简的儿子。吕夷简在位时，欧阳修与他政见相左，当初自己帮范仲淹出头被贬夷陵，就是因为吕夷简。所以刚到颍州时，虽然吕夷简这个时候已经去世了，但欧阳修还是心有余悸，处处提防着吕公著。但共事一段时间之后，欧阳修发现吕公著秉性敦厚，为人也很真诚，对自己更是敬重，他不仅公务上服从安排，还经常找自己请教问题，一点也不像他爸那样老奸巨猾，算得上是一位谦谦君子。后来，两人果然成了挚友，并且多年后，欧阳修当上参知政事，向宋神宗推荐过三名宰相人选，其中有一位就是吕公著。

所以，后人为什么称欧阳修是旷世名相，是因为他身上有一种极其可贵的品质，这种品质就是肚量。俗话说"宰相肚里能撑船"，说的就是这个道理，一个真正优秀的宰相是才华和胸怀兼具的。

欧阳修还在颍州创建了一所西湖书院，为了方便大家相聚，他还特意修建了一处厅堂，取名"聚星"。这寓意多好啊，聚集星光。此后，只要是休息日，士人们就聚集在一起，品茶读书、吟诗作对。一时间，颍州士人对学习的兴趣高涨，西湖书院竟成了周边士人们心向往之的一个文坛小中心。

惬意的日子总是过得很快。一年后，吕公著任满回京，欧阳修也接到了新的任命，他被改任为南京应天府（今河南商丘）知府，兼南京留守司事。不过这一次，欧阳修是真不愿意去，且不说从他当年被贬滁州算起，差不多六年间，欧阳修被调迁了四个地方，这"走马灯"一样的上任，让他很不喜欢，更重要的是，他刚在颍州买了一块地，建了房子，这下全白搞了。而且欧阳修知道南京跟西京和北京一样，作为宋朝东京的陪都，那里比扬州还要繁华，政务和应酬往来更多，并且，南京还有一个不成文的规定，就是留守官吏的本职工作干得怎么样暂且不说，他们还必须承担"厨传"的工作，说白了就是接待那些路过南京的权贵。这也是欧阳修最讨厌的一点，他甚至在写给宋仁宗的《南京谢上表》中直接说：皇上，我事先告知您一下，您要我干留守的本职工作，没问题，但搞接待，我是肯定会得罪人的。

欧阳修的确是这么做的，他对往来的宾客一律平等对待，但后来还是有一人享受了特殊待遇。这个人就是杜衍。杜衍比欧阳修大了三十多岁，他和欧阳修之间其实并没有特别深厚的交情，但在"庆历新政"中，杜衍的政治主张和气节让欧阳修由衷地敬仰。杜衍一生清贫，这次退休回到南京，竟然没有自己的房子，年近八十了还租住在驿站的馆舍里。当欧阳修知道了这个情况，就经常在生活上帮助杜衍，逢年过节还亲自带着部下去杜衍家拜谒。

从这件事中可以看出，欧阳修身上最闪亮的是什么？就是无论经历了多少坎坷，吃了多少次亏，他始终还是那个有情有义、有原则的自己，这是一般人很难做到的，也是欧阳修最为可贵的人格。

而就在这时，欧阳修年迈的母亲郑氏身体不行了，没几天，七十二岁的她便撒手人寰。欧阳修与母亲郑氏的感情非常深厚，因为他自小失怙，郑氏后来就没有再嫁，拉扯他们兄妹俩长大，一路吃了不少苦。而这些年，欧阳修的工作频繁变动，郑氏大多时候也是跟着他四处奔波，没有享过几天福。也正因这样，她的离世让欧阳修倍感愧疚、痛不欲生。于是欧阳修赶紧向朝廷请假，回到颍州为母亲守丧。

居丧期间倒是清净，工作和人情往来都放下了，欧阳修反而难得地有时间潜心学术研究。他先整理了苏舜钦的文集，又把自己多年来收集的金石碑帖汇编成《集古录目》。但他投入精力最多的还是对《新五代史》的撰写。欧阳修将历年自己所写的《五代史》的初稿重新梳理、补充，最后分成七十四卷，叫《新五代史》。这本《新五代史》可以说倾注了欧阳修一生的心血，他从开始写到基本完成，一共花了十七年，而直到多年后他去世，这部著作才最终定稿。《新五代史》也是自唐朝以后唯一的一部私修正史，它的史学和文学价值都是不可估量的。

在居丧期间还发生了一件大事，就是范仲淹去世了，享年六十四岁。范仲淹是在青州任职的时候生了病，他向朝廷申请改任颍州知州，结果人还没到颍州，才走到徐州就病逝了。而当在颍州的欧阳修听到这个消息的时候，他既震惊、难过，又感慨命运残酷，就差那么一点点他们就可以聚首了，这下俩人此生无缘再见，留下了巨大的遗憾。

再后来，欧阳修把母亲带回庐陵祖坟跟自己的父亲合葬，直到至和元年（1054）的五月，他才服完丧。正好这时候，朝廷给他复官的诏令也来了，欧阳修只好匆匆回京复命，算下来，他离开朝廷已经将近十年了。

回到京城，欧阳修第一件事，就是去觐见宋仁宗。阔别十年，两人相见都很感慨，特别是宋仁宗，看到当年意气风发的欧阳修如今已是"鬓须皆白，眼目昏暗"，差点没敢相认。可想而知这些年，欧阳修在外面吃了不少苦。想到这里，宋仁宗内心还是有点伤感的，毕竟欧阳修之后，很少再有如此直言敢谏的人了。这一天，宋仁宗赐给欧阳修一套官服，还亲自给他安排了一个流内铨的官职。流内铨属于吏部，通俗来说，就是负责州县官员的考察、选拔和调动，是一个有选拔人才实权的职位。

欧阳修一到岗，立马又兢兢业业地投入工作。他先翻查近年来"选人"的花名册，结果这一翻就翻出了问题，他发现，这些年通过科举、恩荫等途径，具备当官资格的人越来越多，但职位却很有限，很多士人好不容易得到一个合适的官位，又往往被那些权贵子弟占了。了解到这一情况后，欧阳修立刻写了一篇《论权贵子弟冲移选人札子》，提出要限制权贵子弟的入仕特权，呈给了宋仁宗。

宋仁宗自然知道欧阳修说的是对的，这些年他虽然政治上有点"软弱"，但这不代表他心里不清楚，难得欧阳修帮他把想说的话说出来了，他当然非常赞同，立刻批示：就依此照办。

后来的事情，其实我们也可以猜到，欧阳修又一次把自己搅进了是非中。当时拥护他这一主张的人很多，呼声也很高，但同时，反对他的人更多，而且大部分都是有权有势的既得利益者。这些人也很震惊，欧阳修这人怎么回事，十年的苦还没吃够，居然还是这么不懂"规矩"。于是，一个更大的阴谋来了，不知道从哪里流出一份欧阳修给宋仁宗的奏章，内容是欧阳修要皇帝把一批正当权的宦官给除名，这下，那些宦官们也不管消息真假了，都恨得咬牙切齿。而欧阳修觉得莫名其妙，因为他根本就没有写过这样的一封奏章。但他也没有去皇帝那里辩驳，因为他认为自己行得正，坐得直，光明磊落，况且他堂堂一位士大夫，难道要惧怕一群宦官不成？但欧阳修的确低估了小人之心。不久后，宋仁宗又收到一封弹劾他徇私枉法的奏章。紧接着，宦官们直接在朝堂上对欧阳修群起而攻之，一时间，搞得宋仁宗左右为难。

为了平息"众怒"，仁宗还是决定罢免欧阳修流内铨的职位，同时贬去同州任知州。这上任还没到半个月又被贬了，欧阳修悲哀地发现自己满腔热血，却又无用武之地了。十年前经历的那场不幸瞬间浮现在他眼前，他不禁低吟道："壮年犹勇为，刺口论时政。中间蒙选擢，官实居涑诤。岂知身愈危，惟恐职不称。十年困风波，九死出槛阱。"

从小深受儒家思想熏陶的欧阳修，哪怕是九死一生，也时刻以报国济世为己任。可现在，他也失望了："群居固可乐，宠禄尤难幸。何日早收身，江湖一渔艇。"此刻的他，最希望的是早点离开这个是非之地。

但欧阳修刚准备走，又来了一大帮同事替他说话，特别是知谏院的范镇，他很直接地对宋仁宗说："今天要是以此治了欧阳修的罪，那以后大家都上下相畏，谁还敢提出意见啊？"

来这么多人为欧阳修求情，这是宋仁宗没有想到的，本来罢黜欧阳修，也不是他的本意。这时候，新宰相刘沆很会"察言观色"，他说自己在主持修撰《唐书》，正好缺人手。宋仁宗赶紧顺势说："那就让欧阳修去吧，你现在把他找来。"刘沆摇摇头，说陛下大可不必，欧阳修明天会上朝辞行，您明天就在朝堂上当面留他，欧阳修必定会被感动，感恩于您的。

这个刘沆，真的是深谙官场之道，很懂人心。果然，在他和宋仁宗的一唱一和中，欧阳修不仅留了下来，还重整旗鼓，决定好好地尽忠职守，来报答朝廷的恩情。

没几天，欧阳修就接连升官了，他先是从龙图阁直学士，被任命为翰林学士，后来又兼任史馆修撰、勾当三班院。这段时间，欧阳修就像坐过山车一样，从一个贬官，一下又成了皇帝最亲近的侍从官。宋仁宗还送给欧阳修一套官服、一条金带和一匹金镀银鞍辔的马。所以世人常说，人生难测，世事无常，伴君如伴虎，果然一点都没错。

这边，欧阳修已经全身心投入了新工作中，他一边修《唐书》，一边继续整治吏治问题。对于那些凭关系入仕的权贵子弟，他依然是"腔调"不改，他要尽自己最大的努力，能做到哪一步算哪一步。而对于那些有真才实学的士人，他也是竭力推荐，生怕有德有才的年轻人，被人随便几句话就抹杀了前途。

欧阳修曾上过一份札子，在里面他极力推荐两个人任谏官。这两个人都很有意思，一个是吕夷简的儿子吕公著。欧阳修并没有把自己对吕夷简的成见迁怒给下一代，相反他还帮了吕公著不少，而这一切都只因为欧阳修真心觉得吕公著是个人才。而另一个被他举荐的人，叫王安石。此时的王安石，刚刚从舒州任通判期满，正在汴京等待着新的职务。

说到王安石，在当时也算是一位传奇人物了。王安石原本是宋仁宗庆历二年（1042）的科举考试状元，当时他得了最高分，可当考官们把前十名的试卷给宋仁宗审核之后，王安石就变成了第四名，怎么回事呢？王铚在《默记》中，记录了这件事的原因，他说："考定第一人卷子进御，赋中有'孺子其朋'之言，不怿曰：'此语忌，不可魁天下。'"意思就是王安石在考试中用词不当，把皇帝说成是孺子，就是小孩子，自然搞得宋仁宗不高兴了，那到手的状元也就这样飞了。

王安石这个人性格特别执拗。当时任枢密使的晏殊和他是江西临川的老乡，晏殊对王安石的才华也早有耳闻，所以两人第一次见面，晏殊就一直夸他，说："乡人他日名位，如殊坐处，为之有余矣。"结果王安石不知道是愣，还是不喜欢这种场面，面对晏殊的表扬，他高傲地仰着头，一点反应都没有，连客气地回一下都懒得回。晏殊一看王安石这副死样，又补了一句："能容物者，物亦容矣。"这次王安石点点头，算是应下了，但回到馆舍，王安石却对别人说："晏公为大臣，而教人以此，何其卑也。"

此时，王安石对晏殊的话是不以为意的，他内心不服嘛。直到多年后，他坐到和晏殊一样的高位，最终又因为变法引起朝臣反对而被罢相，晚年退居江宁，在一次跟弟弟王安礼的闲聊中，他回忆起这件事才感慨不已，说自己一生处处与人为敌，虽然没有私心，但搞到最后，自己并不能善终，不知道当年晏公是怎么看出来的。

回看王安石的一生，他首先任淮南节度判官。按朝廷规定，他任满之后就可以参加馆阁考试，然后晋升。当时北宋很多重臣都是先进馆阁，然后再跻身高位的。但王安石坚决不走寻常路，更不在乎这个升官的事，连续几年，他从来没有主动申请过馆阁考试，还自请要调去鄞县（今浙江宁波）。最后宰相文彦博实在看不下去了，上书朝廷举荐王安石，朝廷立即诏他来参加入官考试。结果王安石说，我家奶奶年纪大了，家境也不好，还是不来了吧。

所以当时朝野上下对王安石是充满了好奇，这天下竟然还真有对掉下来的馅饼说"不"的人！那欧阳修为什么要举荐王安石呢？其实早在十年前，曾巩就写信给欧阳修推荐过王安石。当时曾巩说："巩之友王安石，文甚古，行称其文，虽已得科名，然居今知安石者尚少也。彼诚自重，不愿知于人。然如此人，古今不常有。"

意思是我这个朋友王安石是位大才，虽然已经中了进士，但他太低调了，没什么名声，像这样的人古往今来，实在少见。但是很遗憾，欧阳修当时被派去河北都任转运使，自身难保，所以这举荐也就不了了之了。后来，曾巩又写信给欧阳修推荐了一次王安石，但更遗憾的是，欧阳修刚收到信，就被贬去了滁州，也无缘替他引荐。后来曾巩路过滁州跟欧阳修小住了一段时间，他第三次向欧阳修推荐王安石，还带去了王安石的诗文。所以，欧阳修虽然没见过王安石本人，但早就知道有这个人了。王安石的才气和他流露出的不苟且于世俗的气节，让欧阳修仿佛看到了年轻时的自己。

再说回来，欧阳修不是推荐王安石任谏官吗？但是朝廷最后给王安石的官职是群牧判官，主要管理朝廷公家马匹事宜，相当于现在交通部车辆管理司的秘书长。可有意思的是，王安石第一反应还是推托，他坚持自己要去外地任职。最后还是德高望重的欧阳修，好说歹说，他才勉强留下。不愧是咱们著名的拗相公，正是这股执拗劲，让王安石在多年后吹响了另一场变法的号角。

后来还发生了一件事，欧阳修差点又把自己送去外地。至和元年（1054），宰相陈执中失手把家里的一名女奴打死了，当时这件事闹得满城风雨。宋仁宗觉得宰相草菅人命，传出去，朝廷丢人，于是他想大事化小，小事化了，庇护一下陈执中。但这遭到台谏官们的一致反对，欧阳修也急了，立刻写了一封言辞激烈的奏章，不仅要求罢相，还劝宋仁宗"好疑自用而自损"。

这么多年以来，欧阳修太了解宋仁宗了，所以他递上奏章之后，就回家收拾起东西，安静地等待暴怒的宋仁宗送来贬谪诏令。但这一次，宋仁宗没有任何反应，欧阳修的奏章就跟丢了一样，可能是这次皇帝本来就心虚吧。欧阳修等了一段时间还是没结果，他很失望也很生气，于是向朝廷自请贬去蔡州。而这时候宋仁宗出来了，因为这件事，明眼人都看得出对错，他迫于舆论压力只能再次出面，同意罢免陈执中，并挽留欧阳修。

有意思的是，陈执中被罢相，朝廷竟然让

欧阳修来撰写罢相的诰词。欧阳修会写什么？两人之间的渊源不浅。在"庆历新政"中，欧阳修和陈执中属于两个阵营中针锋相对的政敌。后来陈执中被贬去了陈州，欧阳修从颍州去南京的时候，路过陈州，特地去拜访他，结果陈执中闭门不见。所以，当陈执中得知自己的诰词由欧阳修来写的时候，很绝望，自己一生就要被定义成反派了。结果，欧阳修说："杜门绝请，善避权势以远嫌；处事执心，不为毁誉而更守。"

这评语一出，把陈执中惊呆了，他非常感动地说，即使我的知己也很难将我的为人处世，总结得这么到位，欧阳修真是说出了我的本质啊。陈执中还把诰词抄送给好朋友看，并动容地说："我很后悔，没早一点了解欧阳修。"

所以我们看，欧阳修的肚量是大到让站在他对面的人都不得不为之折服的，他真正做到了"大足以容众，德足以怀远"。

而这一年（1055），欧阳修的伯乐兼导师晏殊病逝了，欧阳修第一时间赶去晏殊府邸吊唁。

他想起自己当年一个黄毛小子，如果不是晏殊慧眼识珠，可能他这辈子也走不出偏远的随州。虽然他跟晏殊也是一路吵吵闹闹，但那都是就事论事，论人品，晏殊没的说，欧阳修是打心底认可他的。

只是这几年，身边的亲朋接连离世让他怅然不已，自己的老朋友，此时可能就剩梅尧臣了。说曹操曹操就到。嘉祐元年（1056），欧阳修刚从契丹出使回京，又赶上京城暴雨后涨洪水，他正忙着治水的时候，梅尧臣从宣城守完母丧来了汴京。欧阳修听到好朋友来了，立刻跑去河边迎接。故人相见，俩人都眼含热泪，就坐在岸边聊了起来，搞得随从们很好奇："这个糟老头子，到底是什么人物呢？竟让我们名震朝野的欧阳公如此殷勤。"

其实，此时梅尧臣不过是一个贫寒的低级官员，他才是真正的一辈子怀才不遇，五十多岁了，还挣扎在温饱线上。看到昔日高大英挺的梅尧臣，如今满头白发，面容沧桑，非常窘迫，欧阳修很心痛。他回去后赶紧派人给梅尧臣送去吃的和一些绢布，先解燃眉之急。不久后，在欧阳修的极力举荐下，梅尧臣被任命为国子监直讲，他一家老小这才算在京城安定下来。

　　所以我们看，欧阳修虽然一辈子直言敢谏，脾气刚硬，但他同时又是一个有情有义、心思细腻的惜才之人。说到惜才，就在前几个月，欧阳修家里来了三位客人。他们都是从千里之外的四川眉州而来的，这三位就是苏家父子三人：苏洵、苏轼和苏辙。苏洵这次进京，主要是陪同两个儿子参加来年的进士考试。此时的苏洵已经四十七岁了，就比欧阳修小三岁。苏洵属于"大器晚成"型，年轻时不努力，到二十七岁才想明白，开始发愤图强，但是也没有考中进士，所以这把年纪了还是一介布衣。其实欧阳修差不多十年前，就看过苏洵的文章，当时他就觉得苏洵擅长政论，有荀子之风。而这一次，苏洵也是有备而来的，他知道欧阳修的分量，如果能得到欧阳公的举荐，那他入仕就有希望了。

所以苏洵整理了七篇自己比较满意的文章，带来呈给了欧阳修，果然，欧阳修读完之后，激动地说："后来文章当在此！"而苏洵也很聪明，顺势把俩儿子的文章也拿了出来，让欧阳修赐教。欧阳修一看，内心震惊，他预感到这一家父子三人，要给大宋文坛带来新东西了。

于是，欧阳修当即决定举荐苏洵。他先给宋仁宗写了一封举荐信，还把苏洵的代表作一起打包递给了宋仁宗。欧阳修甚至还担心光自己推荐，朝廷不重视，又跑去游说富弼和韩琦一起推荐，但那两位却不太理解欧阳修举荐布衣这种毫无俗见的大度，所以并没有同意。

可惜，朝廷直到两年后才下诏让苏洵赴京应试舍人院。足足等了两年，才得到一个考试的机会，苏洵觉得这简直是对他的侮辱，况且自己提交了那么多文章，如果朝廷真的信任他，又为何还让他考试呢？思来想去，苏洵怎么都咽不下这口气，最后他称病，没有去考试。

这件事情让欧阳修也很生气，因为在同一

年，他还举荐了梅尧臣，结果宋仁宗马上就同意了。欧阳修这才意识到，大概率是梅尧臣虽没功名，但在士人中已经有了一些声望，而苏洵这等布衣，虽有才华，但寂寂无名，他想要冲破世俗成见入仕，何其难！

嘉祐二年（1057）的正月，欧阳修被任命知礼部贡举，就是全国贡举考试总负责人的意思，宋仁宗还特地赐给他"文儒"二字，以示宠信。而改革贡举考试，优化人才的选拔方式，让真正有识之士能够公平入仕，这是欧阳修由来已久的愿望！欧阳修这一次，决心运用手中的行政权力，痛改考试弊病，革新文风。

史上最强的一次贡举考试，即将登场。

附：**半亩诗田**

《百家讲坛·一代文宗欧阳修》字幕古文内容摘录

- -

◼ 其政察而不苛，宽而不弛，吏民安之，滁、扬之人，至为立生祠。

——苏辙《欧阳文忠公神道碑》

□ 壮年犹勇为，刺口论时政。中间蒙选擢，官实居谏诤。岂知身愈危，惟恐职不称。十年困风波，九死出槛阱。

——欧阳修《述怀》

□ 群居固可乐，宠禄尤难幸。何日早收身，江湖一渔艇。

——欧阳修《述怀》

□ 考定第一人卷子进御，赋中有"孺子其朋"之言，不怿曰："此语忌，不可魁天下。"

——王铚《默记》

□ 巩之友王安石者，文甚古，行称其文，虽已得科名，然居今知安石者尚少也。彼诚自重，不愿知于人。然如此人，古今不常有。

——曾巩《上蔡学士书》

□ 杜门绝请，善避权势以远嫌；处事执心，不为毁誉而更守。

——欧阳修《除授陈执中行尚书左仆射充
观文殿大学士依旧判亳州加食
邑食实封余如故仍放朝谢制》

第八章

文坛有伯乐
惠识千里马

被贬谪在外十年的欧阳修，终于回到了朝廷。十年的漂泊让他整个变了样子，但唯一没有改变的，就是那疾恶如仇、直言不讳的性格。这十年里，身边的亲朋好友相继离世，他的身体也是各种病痛。所以，欧阳修在感慨时间过得飞快的同时，也踌躇自己已经是个五十多岁的老头了，而曾经立下的誓言和理想却还没有实现。

可没想到几天后，朝廷就下来了一个新的诏命，他被任命为知礼部贡举，就是贡举考试的主考官。这个官职很有实权，因为历朝历代，贡举考试都被视为"立国之本"的大事，而朝廷对主考官的选择是非常苛刻的，那比选状元要求高多了。首先，这个人必须是翰林学士，必须"以通经有道之士为之师"，而且人品还要好，不能是那种心思很多的人。这次任命欧阳修为主考官，宋仁宗还非常贴心地写了"文儒"两个字送给他，言下之意，就是夸欧阳修是孔门儒学之正道、当今文章之魁首。要知道，臣子能够得到皇帝的御赐手书，那绝对是一种至高的荣耀，而这也说明不管宋仁宗贬了欧阳修多少次，他内心对欧阳修的学识和人品还是非常认可的。

自宋朝建立以来，贡举考试一般是三年一次，后来因为考生太多了，三年一次考不过来，就改为了隔年一考。而今年（1057）正好赶上了考试。而关于这次考试的具体方案说起来很有意思，就是十年前，欧阳修上书的《论更改贡举事件札子》里的内容。当时没有人搭理他的主张，这十年过去了，风水轮流转，没想到十年后欧阳修竟成了主考官，他由来已久的愿望就要实现了，想到这里，欧阳修内心一阵激动。

对于北宋的贡举考试，当年欧阳修上奏的札子里，除了提出要改变考试方式，还有他一直心心念念的文风改革。其实这些年，文坛的风气是有一些变化的，那种欧阳修青年时最痛恨的"西昆体"，现在已经不太流行了，但是又冒出来一种新文体叫"太学体"，学子当中对这种文体追崇的人还不少。"太学体"通俗来讲，就是那些反对"西昆体"，崇尚"古文"的人，他们学"古文"学得过头了，导致文风虽然简单，但用词怪异、晦涩难懂。而"太学体"的倡导者，就是超级讨厌"西昆体"，当时在国子监任直讲的石介。

虽然石介是欧阳修的好朋友，但对于这种奇涩的文风，欧阳修的态度一点不亚于他当年对"西昆体"的反对。之前他出使河东，路过绛州的时候，还专门写了一首诗来斥责韩愈弟子樊宗师刻意追求奇险的文风。

欧阳修也知道，他要想在贡举考试中凭一己之力来矫正文风，风险很大，得罪人是肯定的，可能还会再次把自己搅进是非中。但他几乎没有任何犹豫，一遍又一遍地跟考官们强调考场纪律，要求大家阅卷的时候，评分标准是：文章言之有物，平易自然。凡是那种故弄玄虚，写奇文、怪文的人，一律淘汰！

　　果然，在欧阳修这种"不合时"的标准下，一大堆考生的文章被划为了不合格。有一天，欧阳修照例在阅卷，他看到有一篇文章，结尾段只写了九个字："天地轧，万物茁，圣人发。"什么意思呢？欧阳修也读不懂。这九个字的结尾，的确言简意赅，但简洁到莫名其妙，完全不知道这位考生要讲什么。欧阳修突然想到了一个人，这个人叫刘几，他的文章恰恰是以奇涩险怪著称。在太学里，很多士子都非常崇拜刘几，经常拿他的文章来当写作范本。之前欧阳修听旁人说过这个人，也看过他的几篇文章，但是……不喜欢。

　　据说这次贡举考试，刘几是众多考生眼中夺魁的热门选手，欧阳修猜这篇写得奇奇怪怪，还非常自信的文章，搞不好就是刘几的。那欧阳修也很调皮啊，他在人家文章后面，又加了两句："秀才剌，试官刷。"然后在试卷上画了一个大红叉，还把这张卷子贴在墙上，当成反面案例，让大家参考。后来揭名的时候，这篇文章果然就是刘几的。

当然刘几不是这次考试的重点，因为大部分考生，写的都是跟刘几一样的文章，欧阳修是越看越难过，自己当年讨厌的"西昆体"，好歹还能读懂，现在的"太学体"，他连意思都看不明白了。

就在考官们对这届考生失望的时候，突然来了一篇文章让欧阳修眼前一亮。这篇文章最早是梅尧臣阅的那堆卷子里的，他发现文章只用了六百来字，就把"以仁治国"的思想阐述得清清楚楚。比如文章中有一个观点，说为政者应该"以君子长者之道待天下"，那什么才是君子长者之道呢？文章中说："可以赏，可以无赏，赏之过乎仁；可以罚，可以无罚，罚之过乎义。过乎仁，不失为君子；过乎义，则流而入于忍人。"

说的就是，为政者赏罚一定要分明，可赏可不赏的时候，一定要赏；可罚可不罚的时候，就不要罚了。因为赏赐过了，仍不失为一位君子，但惩罚重了，就变成残忍了。

　　为了进一步阐明自己的观点，这位作者还专门举了一个例子，说："当尧之时，皋陶为士。将杀人，皋陶曰'杀之'三。尧曰'宥之'三。故天下畏皋陶执法之坚，而乐尧用刑之宽。"意思就是说，尧当皇帝的时候，皋陶处置犯人，皋陶多次要杀掉这个人，而尧多次要宽恕人家。

　　这篇文章，梅尧臣是越读越起劲。我们完全可以想象得到，被"太学体"折磨了好几天，突然看到一篇语言生动、言简意赅的文章，梅尧臣得有多激动，他立刻拿着这篇文章跑去跟欧阳修分享。欧阳修一看，文章不烦琐，也不刻意出怪招，作者用语清新自然，通俗地阐述着对儒家仁爱思想的见解，字里行间，竟然还透出一点《孟子》的风骨，这不就是他想要的那种简明质朴的文风吗？这可把欧阳修激动坏了，他说："此人可谓善读书，善用书，他日文章必独步天下。"

　　随后，考官们互相传阅、探讨，一致认为这就是本场的最佳文章！但此刻，欧阳修留了一个心眼，是什么呢？曾巩，他的得意门生，这次也参加了考试。欧阳修拿着这篇文章，脑子里飞快地闪过了一些人，最后他觉得，能写出如此出色文章的，除了自己爱徒曾巩以外，天下恐怕没有第二人了。所以，如果这真的是曾巩的卷子，那老师当主考官，又给自己学生评了个第一名，容易遭人非议。所以欧阳修故意把分数往下拉了拉，把这篇文章排在了第二名。

结果放榜那天，让欧阳修大跌眼镜的是这次贡举考试的第二名根本不是自己那个爱徒，而是一位来自四川眉山的考生——苏轼。有意思的是，同时上榜的，还有苏轼的亲弟弟苏辙，他虽然排在了第五名，但在这届所有上榜的三百八十八个考生中，还是非常厉害的。欧阳修突然想起来了，这不就是一年前，苏洵去他家拜访的时候，身边带的那两个毛头小子吗？如今苏家双喜临门，果然虎父无犬子啊！

值得一提的是，这次贡举考试上榜的人，除了苏轼和苏辙俩兄弟，还有很多我们现在熟知的大咖，比如曾巩、宋明理学的引路人张载和程

人活起伏 / 欧阳修

192

颢，还有后来的宰相、王安石变法的二号人物吕惠卿，等等。总之，这次科考选出来的精英几乎网罗了北宋中后期政界、思想界和文学界的诸多杰出人才，而这一届科考也毫无争议地成为"千年科考"史上的高光时刻，欧阳修更是被后人冠上了"千古伯乐"的美称。

但这件事才说了一半，这边有人上榜，另一边就一定有人落榜。按照欧阳修的评价标准，这次落榜的很多都是擅长写"太学体"的人，而且他们当中很多是被大家看好的中榜选手。等于说，就是因为欧阳修改变了评判标准，那些原本在太学里学业优秀的士子们，全部名落孙山，他们当然愤怒了。于是，这些人对欧阳修是恨之入骨。南宋的历史学家李焘在《续资治通鉴长编》里，对这件事是这样描述的："及试榜出，时所推誉，皆不在选。嚣薄之士，候修晨朝，群聚诋斥之，至街司逻吏不能止；或为《祭欧阳修文》投其家，卒不能求其主名置于法。然文体自是亦少变。"

就是说这录取榜贴出来之后，那些被大家公认的、推崇的佼佼者全都榜上无名。于是落榜的人，就抱成团闹事，他们趁着欧阳修上早朝的时候，将他围起来谩骂，骂到负责治安的城管人员过来，才把他们遣散。还有人给欧阳修写了一篇祭文，专门送到他家去诅咒他，但是文章没有署名，所以也不知道是谁写的，一点办法都没有。

好在欧阳修是有心理准备的，对于眼前的情形他并不意外，因为改革之前，他就已经想好了自己可能要面对的各种结果，而最坏的一种，不过就是被贬嘛，又不是第一次经历了，没什么。欧阳修始终坚信，他选拔的都是有真才实学的人，时间会平息这一切纷乱的，而历史终将会给他一个公正的评价！

值得庆幸的是，这一次仁宗皇帝站在了欧阳修这边。按程序，贡举考试中上榜的人，叫奏名进士，类似于拟录取，这些人还要参加一场皇帝亲自主持的殿试，殿试过后，才是最终的录取名单。按照往年的经验，殿试刷人的比例还挺高，但这一次殿试，宋仁宗竟然破天荒地，一个人都没有刷，这些奏名进士全部被录取了。关键时刻，宋仁宗给力啊！朝廷的态度等于直接肯定了欧阳修的这次改革，把他从被围攻的艰难处境中拉了出来。

得到了朝廷的支持，欧阳修这次科考改革算是成功了。自此以后，"文体自是亦少变"，士子们开始写"平淡典要"的文章，科考的风气也随之转变，平易自然、流畅婉转成为宋代散文的群体风格。

回顾这一漫长而艰辛的奋斗历程，欧阳修十分感慨。从倡导韩愈的"古文"，反对浮艳的"西昆体"，到汲取前人古文写作的失败经验，反对奇涩的"太学体"，欧阳修经过了将近三十年的不懈努力。这期间，他无时无刻不在与时尚相抗衡，为此，也付出了很多惨痛代价，但好在，他终于实现了自己的理想，将宋朝的古文运动引入健康发展的轨道，让宋代散文垂范后世。作为开创一代文风的宗师，欧阳修为中国散文史做出了突出贡献，其影响是难以估量的。

在欧阳修身上我们可以看到，他不追时好，不逐势利，更不计名誉，这不仅是他能够领导宋代古文运动走向胜利的重要人格，也是他历经宦海浮沉依然能不改初衷的根本原因。

说到欧阳修的人品，可以由此一探究竟。这次贡举考试中有一个被他拎出来当反面典型案例的刘几。刘几得知自己落榜后，第一时间是震惊，第二时间就加入了围攻欧阳修的队伍，对欧阳修是破口大骂。但泄愤改变不了他落榜的结局。这刘几也是个狠人，他平静下来之后，发誓自己从哪里跌倒，就要从哪里爬起来，于是他回家复读去了，决心痛改前非，从头开始。

两年后，刘几改名为刘辉，卷土重来，这次欧阳修担任的是殿试的详定官。当欧阳修读到刘辉的文章时，大为震惊：文风朴实，文意上乘，通篇明快畅达，跟两年前那篇"天下轧，万物茁，圣人发"的文章相比，简直是脱胎换骨。于是，欧阳修毫不犹豫地给了刘辉最高分，宋仁宗审定之后，刘辉也就成了那一届科考的状元。

所以，讲起来是不是很戏剧化？两年前的反面典型，两年后竟成了状元，而且还都是欧阳修评判的，估计刘几自己都不敢相信。从这件事情中可以看出欧阳修身上那种正气和他高尚的节操。他亲手刷掉刘几的时候丝毫不担心惹人非议，两年后又亲自推崇他，更是一点没有畏惧舆论。因为欧阳修身正不怕影子斜，因为他内心始终有自己恪守的原则。

再来看这由于阴差阳错没能成为状元的苏轼。按照惯例，新科进士金榜题名之后，他们与主考官之间就有了师徒的名分和情谊，进士们要给提拔自己的恩师写一封感谢信，所以苏轼就给欧阳修写了一封《谢欧阳内翰书》。这封信不到五百个字，除了感谢欧阳修的知遇之恩外，还简明扼要地概述了一下宋朝立国以来文学发展的进程。五百个字要简述半个朝代的文学史，那绝非易事，这也从侧面显示出苏轼不凡的见识和高超的文字驾驭能力。欧阳修读完后，果然赞不绝口，他在写给梅尧臣的信中说："读轼书，不觉汗出。快哉快哉！老夫当避此人，放出一头地。"

几天后，苏轼、苏辙在老父亲苏洵的带领下来欧阳修家里登门道谢。如果不是遇到欧阳修，苏轼那种文风可能就会落榜。而对这两位青年才俊，欧阳修是看在眼里，爱在心上，大家几句寒暄之后，就聊开了。这个时候，欧阳修把苏轼拉到一边，悄悄地问他："子瞻啊，你考试中引用的那个'皋陶杀人'典故，写得很好！你能告诉我它出自哪本书吗？"苏轼被欧阳修突然这么一问，也是措手不及，他想了想，说："老师，我是在《三国志·孔融传》注中看到的。"

等苏洵一家走后，欧阳修立刻把《孔融传》注仔仔细细地翻了一遍，却没有发现什么"皋陶杀人"的典故，他非常疑惑。欧阳修也很较真儿，等到再次见苏轼时，逮着他第一句话就是："子瞻啊，《孔融传》注里没有'皋陶杀人'啊？"

苏轼是真没想到，这位恩师竟是如此认真，他只好硬着头皮说："我是根据史书上尧帝仁厚和皋陶执法严格，来推测的。想当然嘛，何须出处！"欧阳修这才恍然大悟，大笑着拍手称赞。后来苏轼在文学上的成就，也足以证明欧阳修的慧眼识珠。

欧阳修的确是苏轼人生中的伯乐和贵人。作为一代宗师，以欧阳修当时的声望，一句褒贬，就能关乎青年学子一生的荣辱成败。而欧阳修真的非常器重苏轼，好几次公开高度赞扬他，搞得苏轼也因此"出圈"，一时间名满天下，大家都叫他"苏贤良"。不仅如此，欧阳修还积极地给苏轼引荐人脉，带他先后拜见了宰相文彦博、富弼，以及枢密使韩琦等人。苏轼还在欧阳修的牵线下，跟曾巩、晁端彦等成了好朋友，晁端彦的侄子晁补之，更是成为著名的"苏门四学士"之一。

所以我们说，欧阳修是当之无愧的文坛盟主，他不仅礼贤下士、不拘一格降人才，还积极地在门生之间牵线搭桥，将这些刚崭露头角的青年人联系起来，让他们互相汲取能量。

就在这一切都安排妥当的时候，苏家父子三人来欧阳修家辞行了。他们收到急报，苏轼母亲病逝，他们马上要回老家奔丧。苏洵更是难过，因为眉山与汴京相隔千里，今日一别，不知道此生与欧阳修还能不能再相见了。这种伤感的气氛，搞得欧阳修情绪也很低落，他想到自己也年过半百，身体亮了几次红灯之后，现在明显感觉精力是一天不如一天。而就在这不久后，管勾太学的孙复病逝了，紧接着，之前在馆阁工作的王洙也病逝了。他们的家属先后来找欧阳修写墓志铭，都是些老同事，他也没法推辞，只好写了一篇又一篇。写完之后，欧阳修觉得自己也被这种悲痛的氛围感染了，整天头晕目眩不说，还眼干无力。

偏偏这时候，朝廷对欧阳修越来越器重，先是让他兼判尚书礼部，又让他兼判秘阁秘书省，然后又给他安了个判史馆。最无语的是，这年年底的时候，欧阳修又被任命为判三班院。为什么要说无语呢？因为这个官职主要管理武臣的迁转，从最低的三班借职到最高的节度使，中间有大几十个等级，全部由判三班院来管理。之前朝廷就授予过欧阳修判三班院这个职位，但欧阳修一看，这么繁冗的官职不能干，就以自己要修《新唐书》，没有精力为借口推掉了。现在倒好了，他不仅要修《新唐书》，还要当这个判三班院，自己身兼数职不说，朝廷的各类祭祀活动、周边国家来使接待，宋仁宗也要叫上欧阳修，这没日没夜的工作把他折腾得心力交瘁。此刻，欧阳修只有一个愿望，就是希望自己能够外任，干一份清闲点的工作。可惜他申请过几次，朝廷根本不放人。欧阳修不禁感慨，命运弄人啊！早年自己拼命往前冲，却偏偏被贬去千里之外；晚年自己千方百计想隐退，又偏偏身兼数职，被钉在了京城。

其实欧阳修想外任，除了身体不好之外，还有一个更重要的原因，那就是朝廷里的冗官现象越来越严重了。究其原因，还是因为这个"推恩"政策，不仅官宦子弟入仕走绿色通道，就连逢年过节，皇帝还要给大臣们加官晋爵，欧阳修自己不就是一个活生生的例子吗？经历了几次推恩，他收获了一堆官职，还有一身病痛。欧阳修是深有体会，冗官不仅让官员工作效率低下，而且还不好管理。一个人，他的时间和精力就这么多，如果给他压一堆工作，那结果就是什么都干不好。

意识到这个问题，欧阳修立刻上奏再次辞官，他说："盖由凡所推恩，便为成例。在上者稍欲裁减，则恐人心之不足；在下者既皆习惯，因谓所得为当然。积少成多，有加无损，遂至不胜其弊，莫知所以裁之。"

意思就是，我欧阳修决心从自己做起，我先请辞，来做个表率，改革时弊。宋仁宗拗不过欧阳修，同意了他的请求，但还没过三个月，欧阳修又被任命为龙图阁学士和开封府知府。不知道宋仁宗是怎么想的，竟然给欧阳修派去了开封府，为什么这么说呢？因为当时开封府是出了名地难管，各种王公贵胄都住在这里，关系错综复杂。所以，让欧阳修担任开封府尹，很多人表示担忧。开封府的前任知府是谁呢？就是大名鼎鼎的包拯"包青天"，我们都知道，包拯那个脸，铁面无私。他倒是把开封府管理得不错，那些达官显贵们在包拯面前都规规矩矩的，生怕被这位六亲不认的知府给"治理"了。而欧阳修生性宽和，他继任后，跟包拯走的完全不是一个路子，对老百姓能不折腾就不折腾，但是对那些违法违纪、不守职责的官吏，他也是老样子，能弹劾的弹劾，能罢免的坚决罢免，谁的面子都不看。说来奇怪，他才去开封府两个月，这里就变得秩序井然，搞得大家一度以为，是包拯又回来了。

为此，后世还在开封府专门建立了二贤祠，称包拯为"包严"，称欧阳修为"欧宽"，意思是，包拯坚守法度的威慑和严谨，而欧阳修更讲究人文关怀，两位知府在管理策略上，虽各有千秋，但殊途同归。

就这样，欧阳修在开封府干了小一年，忙碌之下，他的身体是越来越差，眼睛干涩又模糊，这对每天要伏案工作的他来说，实在是万分苦恼。开封府繁杂的事务让他白天根本没时间编修《新唐书》，为了按时完成任务，他又不得不加夜班，而这又更进一步加剧了他的眼病。虽然刚五十三岁，但欧阳修已经是"鬓须皓然，两目昏暗"，早年就有的关节炎也一天天严重。所以，他是真干不动了，一次又一次给朝廷打辞职报告，想要离开开封府，回老家附近的洪州任职。

就在欧阳修连续上奏四封辞职信后，朝廷同意了他一半的请求。为什么说是一半呢？因为朝廷的确免掉了他开封知府的职务，但是也不让他去洪州，又把他召回了京，当了一个给事中。

欧阳修回京履职后，依然执着地继续请辞，为了让自己成功的概率更大一点，他还写了一封《举吕公著自代状》的札子，推举吕公著来担任要职。欧阳修本想一个换一个嘛，我给你们推荐一个年轻力壮的人才，你们总可以放过我这个老弱衰残吧？结果，朝廷确实重用了吕公著，但也没允许欧阳修走，搞得欧阳修很无语，只好硬着头皮继续干下去。

现在他唯一还惦记着的，就是自己的《新唐书》还没有修完。时间过得太快了，好在给事中的工作，比开封知府确实要轻松一点，这正好让他全身心投入到《新唐书》的撰写中。很快立秋了，天气越来越凉爽，欧阳修看着院子里萧瑟的秋景，又联想到自己日益衰老，顿时感伤不已，于是，他提笔写下著名的《秋声赋》，来抒发自己的悲秋情绪。在文章的后半段，欧阳修借景抒怀："嗟夫！草木无情，有时飘零。人为动物，惟物之灵；百忧感其心，万事劳其形；有动于中，必摇其精。而况思其力之所不及，忧其智之所不能；宜其渥然丹者为槁木，黟然黑者为星星。奈何以非金石之质，欲与草木而争荣？念谁为之戕贼，亦何恨乎秋声？"

就是说草木这种无情之物，尚且会衰败凋零，何况作为万物灵长的人了，忧虑扰我们的心怀，琐事累我们的身体。只要我们的内心被外物影响，就一定会消损精气，更何况人还经常抱有力所不能及的期待，这自然会使我们日渐苍老、头发花白。既然知道这个道理，我们何必还要用自己这并非金石的血肉之躯去和草木争荣呢？想想究竟是谁在折磨我们呢？又何必去怨恨这秋声啊！

这篇《秋声赋》是欧阳修的传世名作之一，它被后人看作古典赋文中写秋的经典。在文章中，欧阳修借秋景，抒发自己对生命的深沉体悟，读起来有一种庄子笔下"人生天地之间，若白驹过隙，忽然而已"的感觉。更重要的是，这篇文章是欧阳修将散文笔法引入赋体的一次新尝试，《秋声赋》中的句子，骈偶相间，四六韵句交叉使用，将咏物和抒情非常自然地结合在一起，极具艺术感染力。所以从这以后，一种新的赋体形式——文赋诞生了。

除了日常政务和修编《新唐书》之外，欧阳修还"文债"不断，其中最令他苦恼的，就是给别人写墓志铭。墓志铭的主要作用，就是让墓主生平的重要事迹和精神，能够被后人所铭记，所以，家属们都会尽力找他们能够找来的最有影响的文人来写，而欧阳修就是那个排行榜首的人。他自己都记不得已经给人写过多少篇墓志铭了。除了墓志铭，还有各种亭堂记文，类似于《丰乐亭记》《醉翁亭记》《菱溪石记》这种。每次地方官府修建一个什么亭子、院子，就会有人来请他写记文，欧阳修实在是精力有限啊，但他入仕几十年，满朝都是他的故友，他推掉了一部分，还有一大部分，搞得他好几次准备发封笔宣言。

嘉祐五年（1060）的春夏之际，身体一向不错的梅尧臣，得了一场急病，仅仅八天后就去世了。这个消息对欧阳修简直是晴天霹雳，他一度悲伤到整个人呆傻在那里，好久都缓不过来。本来擅长文章的他，竟提不起笔给自己一生的挚友写一句悼词，我们可以想象一下这种悲痛程度，可以说是灵魂被抽离的感觉。

梅尧臣一生官卑俸薄，突然离世，上有老母

亲，下有小儿子，境况之凄凉，令人泪目。欧阳修情绪缓过来之后，立即投入到好友的后事安排中，到处求助老朋友们为梅尧臣捐款。最后，他把自己的一处房产都卖了，来帮助梅尧臣妻儿渡过难关。梅尧臣这一辈子，得欧阳修这样一位知己，值了。

欧阳修有很深的遗憾，因为梅尧臣也参与了《新唐书》的编修工作，而且已经编完了。就在梅尧臣去世三个月后，《新唐书》正式进奏。宋仁宗看完后，龙颜大悦，对编修这本书的官员，全部晋级升官。可惜梅尧臣就差一点，终究没能等到这一天。

自梅尧臣走后，欧阳修就经常一个人坐在窗前发呆，身边最后一位挚友的离去，让他感觉到一种彻骨的疲惫和倦怠，他真的累了。于是，他又提笔写起了辞职信。这一次欧阳修能全身而退吗？

附： **半亩诗田**

《百家讲坛·一代文宗欧阳修》字幕古文内容摘录

☐ 可以赏，可以无赏，赏之过乎仁；可以罚，可以无罚，罚之过乎义。过乎仁，不失为君子；过乎义，则流而入于忍人。

——苏轼《刑赏忠厚之至论》

☐ 当尧之时，皋陶为士，将杀人，皋陶曰"杀之"三。尧曰"宥之"三。故天下畏皋陶执法之坚，而乐尧用刑之宽。

——苏轼《刑赏忠厚之至论》

☐ 及试榜出，时所推誉，皆不在选。嚚薄之士，侯修晨朝，群聚诋斥之，至街司逻吏不能止；或为《祭欧阳修文》投其家，卒不能求其主名置于法。然文体自是亦少变。

——李焘《续资治通鉴长编》

☐ 盖由凡所推恩，便为成例。在上者稍欲裁减，则恐人心之不足；在下者既皆习惯，因谓所得为当然。积少成多，有加无损，遂至不胜其弊，莫知所以裁之。

——欧阳修《再辞侍读学士状》

■　嗟夫！草木无情，有时飘零。人为动物，惟物之灵；百忧感其心，万事劳其形；有动于中，必摇其精。而况思其力之所不及，忧其智之所不能；宜其渥然丹者为槁木，黟然黑者为星星。奈何以非金石之质，欲与草木而争荣？念谁为之戕贼，亦何恨乎秋声？

————欧阳修《秋声赋》

第九章 /

位高生辞意
晚年惹绯闻

欧阳修一个月写了五封辞职信，可是，宋仁宗那边就是不让他走，很气人啊。

好在还有一件让他觉得宽慰的事情，那就是现在身居高位，拥有了举荐人才的权力，他可以为那些真正有才华的年轻人搭一座桥，让他们实现自己的理想和抱负，这也算是一件利国利民、功德无量的好事。被欧阳修举荐过的人很多，比如苏轼、苏辙兄弟。三年过去了，母亲丧期结束后，兄弟俩本来准备去河南府下面的属县任主簿，正好赶上朝廷要在次年举行制科考试。简单来说，制科考试就是由皇帝亲自主持，为选拔高尖人才特设的一种考试。光是获得考试资格就很难，申请人首先必须由两名朝廷重臣写推荐信，同时还要提交至少五十篇自己的文章，这些文章每一篇都要经过学士院的严格审查，通过之后，才有资格参加制科考试。

所以能拿到考试资格的人，其实已经是凤毛麟角，非常优秀了，更别说最后能被录取的人。两宋一共三百多年，只举办过二十二次制科考试，所有录取的人数，加起来才四十一位。制科考试比科举考试要难很多，其含金量也更高一些。欧阳修一听到朝廷要举行制科考试，立刻跟另一位德高望重的学者约好，一起举荐了苏轼和苏辙，也正是这次意外的举荐，改变了这兄弟俩后面的人生轨迹。

听到自己被文坛大咖举荐了，苏轼和苏辙既意外又惊喜，两人赶紧辞掉还没到任的职位，直接留在了汴京，复习备考。这俩兄弟都是有硬实力的，在第二年的考试中，苏轼不负众望，被录为第三等，苏辙是第四等。千万不要以为，第三等和第四等的成绩只是一般，因为按宋朝制科考试的惯例，第一、第二等形同虚设，就是基本不会给到那么高的分数，就实际录取的等级来说，最高就是第三等。自北宋有制科考试以来，在苏轼之前，只有一个人得过第三等，其余人都在第四等以下。所以，苏轼的这个第三等，相当于平了宋朝制科考试成绩的最高纪录，非常厉害了。

不仅苏轼和苏辙，就连他俩的爸爸苏洵，也是承蒙了欧阳修的一再推举，让已经年过半百的他，从一介布衣免试成了试校书郎。所以，欧阳修对苏家父子来说，真的是贵人，更是恩人。

举荐后辈，欧阳修可以说是不遗余力。尽管在别人眼里，他已经是位高权重，但他礼贤下士的心丝毫没有改变过。其实他心里还有一个执念，那就是辞职，只要有机会，他就上奏请求外任。

当时的宰相韩琦更有意思，他看欧阳修天天要辞职，赶紧给宋仁宗说："韩愈，唐之名士，天下望以为相，而竟不用……而谈者至今以为谤。欧阳修，今之韩愈也，而陛下不用，臣恐后人如唐，谤必及国。"末后，韩琦还补了一句"陛下何惜不一试之，以晓天下后世也"。宋仁宗一听，有道理啊，欧阳修如此大才，我不重用他，那就是我的不对了。于是，欧阳修不仅没辞成职，还被任命为枢密副使，相当于一下成了北宋的国防部副部长，让他简直是哭笑不得。

但欧阳修这人的做事风格，是要么不干，要是躲不掉，那就全力以赴！所以，上任枢密副使后，他就把各地的兵力部署、地理位置等一系列问题一一考察，还做了一个图集。接着，他又上了三道札子，在里面提出改革茶法、马政，罢除方田均税等措施。总之，欧阳修到枢密院工作几个月后，军机要务被他梳理得明明白白，让当时的枢密使曾公亮对他佩服得五体投地。曾公亮向宋仁宗汇报工作的时候，把欧阳修狠狠一顿夸。通过这一夸，欧阳修又被嘉奖了，那一年的八月，他被任命为户部侍郎、参知政事，进封开国公。

欧阳修本来想再辞职的，但好巧不巧，差不多同时，宰相富弼的母亲去世了，富弼要回家守丧三年，只好先申请离职。欧阳修一看这情况，他肯定是走不成了，只好又应下了这一堆职位。那韩琦接替富弼，成了新的宰相，而此时的欧阳修，也已然成为朝廷里举足轻重的显赫重臣。

　　然而不幸的是，欧阳修的身体还没垮，宋仁宗先垮了。自从仁宗皇帝上次得了一场暴病之后，就一直好不利落。大臣们着急了，眼看着宋仁宗的身体是一天比一天差，而他又一直没有立嗣。其实，宋仁宗也有他的难言之隐，后宫的嫔妃们一共就没给他生几个儿子，还不幸都夭折了，他也一直在等待后宫新的"子嗣"登场，只不过现在，看他的身体状况，可能是等不及了。

　　于是，一众大臣谏言，再加上欧阳修、韩琦等人的积极推动，嘉祐七年（1062）的八月，仁宗正式颁发诏令，立他堂兄赵允让的儿子——赵宗实为皇子，改名赵曙。立储之后，朝廷照例又开始了推恩封赏，这次欧阳修的功劳很大，他不仅直接参与了商议、筹划，甚至连皇子改名的奏请也是出自他的手笔，所以，他又被升为正奉大夫，加柱国，并赐"推忠佐理功臣"，妥妥的一个"文武双全"大司令官了。

安稳日子没过几天，宋仁宗又病了。这次病得很严重，宫里找了很多御医会诊，也回天乏术。就在那一年的三月底，执政四十二年的宋仁宗，溘然长逝，享年五十四岁。

仁宗皇帝的突然离世让大家都乱了手脚。韩琦、欧阳修和曾公亮这些宰执是第一批被通知的，天还没亮，他们就赶了过来。随即皇子赵曙也被叫了过来。他一听说自己马上要登基了，转身就往外跑，还一边跑一边喊："我不敢，我不敢。"还好欧阳修他们追上去，把人拽了回来。

第二天下午，按流程，韩琦先宣读宋仁宗的遗诏，随即宋英宗赵曙即位，一切都有条不紊地进行着，谁也不曾想到，这些人刚经历了一场"通宵大战"。

不久后，宋英宗也病了，还病得不轻，经常情绪无常、语无伦次。没办法，大臣们商议后，只好让曹太后"垂帘听政"，先稳住大局再说。这期间，有一个细节很令人感动。仁宗皇帝去世了，按理说，是欧阳修离开的最佳时机，但相反，欧阳修再也没有提过辞职的事。因为他心里明白，现在是国家易主的动荡时期，从小受儒家思想熏陶的他，在这危难时刻，绝对不会贪图一己私利，而这一点，是非常值得我们敬佩的品质。

欧阳修带着一身的旧疾，还如此任劳任怨，他心中除了大义之外，应该还有一份对宋仁宗超越君臣的情谊。从某种意义上来说，他和宋仁宗早已是相知相惜、互相成就的关系。现在老朋友先去了，欧阳修，无论是作为臣子，还是作为朋友，都有责任和义务，为先帝、为好友，守护这片江山。

当然，欧阳修的努力付出，大家是有目共睹的，所以，他又被升官了，进阶为金紫光禄大夫，并被赐予"推忠协谋佐理功臣"的称号。

两个月后，一切总算步入了正轨，欧阳修紧绷的神经，终于可以稍稍放松一点了。自打身居高位的那天起，他就有忙不完的政务，他自己都忘了，有多久没有写诗。现在唯一还没有间断的爱好，可能就是收集金石铭文了。而这很大程度还得益于欧阳修的另一位好友刘敞。刘敞也是个喜欢收集古董文物的人，他当时在长安任职，一旦发现什么新的铭文，就会给欧阳修寄一份拓本。欧阳修就把自己前半生的收集，再加上刘敞寄来的这些，一起整理、汇编成了一部《集古录》。

这部巨著共有一千卷，可惜年代久远，现在大多失传了，只留下了《集古录跋尾》十卷。《集古录》是我国现存最早研究金石铭刻的专著，它也让欧阳修成为我国金石学研究的鼻祖。后来在金石学方面，成就很大的李清照和她的丈夫赵明诚，就是受到了欧阳修的影响。李清照更是欧阳修的"铁杆"粉丝，她特别喜欢欧阳修那首《蝶恋花·庭院深深深几许》，甚至直接照抄了这首词的第一句，然后模仿词中的意境，翻写了一首《临江仙·庭院深深深几许》，可以说，李清照毫不掩饰她对欧阳修的崇拜。

朝廷这边，宋英宗的身体一直不太好，情绪也是经常多变，搞得曹太后心里对英宗皇帝越来越不满，毕竟不是亲母子，再加上身边一些太监添油加醋，曹太后竟起了要废帝的想法。这消息一出，把韩琦、欧阳修他们几个宰执大臣急得赶紧两边做工作。韩琦更是趁机暗示，让曹太后还政给宋英宗，毕竟在宋仁宗时期，太后刘娥就搞过一出长达十一年的"垂帘听政"，历史可不能重演。

韩琦也是个狠人，他跑到曹太后那儿辞职去了，说这个宰相我不当了，我还是去地方当个小官吧。那曹太后也不是一般人，一下就听懂了韩琦的言外之意，赶紧表示该放权的是自己，她一定会还政给英宗的，但什么时候却没有说。结果，韩琦是个大直男，他立刻追问，那太后您想好什么时候还了吗？曹太后被韩琦噎得没话说，生气地一扭头就走了。韩琦反应特别快，当即下令把曹太后的帘子给撤了，就当她同意了。至此，从宋仁宗到宋英宗，皇权的交接才算正式完成。

欧阳修,这会儿在想什么呢?没错,还是辞职。这几年他的仕途是越来越顺畅,身体是越来越糟糕,还患上了糖尿病。而最关键的是,他的内心越来越孤独了。可能是年纪大了的缘故,他经常会莫名伤感,莫名地追怀旧事,不自觉地想起那些离世的老友,想起跟他们一起诗歌唱和、并肩作战的日子。

就在这个时候,欧阳修的另外一个女儿竟然又染病先他而去。晚年丧女,让他痛不欲生,而这种悲痛又进一步恶化了他的健康状况。于是,他再次诚恳地向朝廷写了一封辞职信,依然没有得到应允,这次欧阳修也杠上了,接着连上两封信请辞,依然没人搭理他。欧阳修都无奈了。他落寞地走在下朝回家的路上,他是真没想到,自己晚年想去小地方过几天清净日子,竟成了一种奢望,而他更没想到的是,他即将被卷入又一场激烈的斗争中。

事情是这样的:有一天,宋英宗召集大臣们,商议应该给已故的濮安懿王追封一个什么尊号，封赠的制书上又该如何称呼？为什么这件事情很棘手呢？宋仁宗没有儿子，所以他立了自己堂兄赵允让的儿子赵曙为皇太子。赵允让就是濮王，赵曙就是宋英宗。所以，从血缘上来说，濮王才是宋英宗的亲生父亲，但是当初立嗣的时候，赵曙已经过继给了宋仁宗，所以按礼法来说，仁宗皇帝才是宋英宗的父亲，而濮王赵允让只能是臣子。

对这件事情的看法，大臣们一下分成了两派。一边是台鉴派，以知谏院的司马光、翰林学士王珪等为代表。他们主张按礼法，宋英宗既然已经过继给了先帝仁宗，那就不再是濮王的儿子，英宗皇帝应把濮王按照先帝的皇兄来称为皇伯，封赠册书上，不能直呼其名。而另一派则是宰执派，以韩琦、欧阳修等为代表，他们认为礼法首先要合乎人情，不能违反人性之常，如果人否定了亲生父母的存在，那就是从根本上违反了人性，所以他们认为宋英宗应该称濮王为皇考，言下之意，就是承认濮王父亲的身份。

两派就此进行了非常激烈的讨论，而且是越辩越偏主题，很快就上升到了人身攻击。侍御史吕诲指责韩琦的行为是在谄媚邀宠，并把他视为"小人"，吕诲还联合范纯仁、吕大防等一起，用极其难听的话攻击欧阳修："豺狼当路，击逐宜先；奸邪在朝，弹劾敢后？伏见参知政事欧阳修，首开邪议，妄引经据，以枉道悦人主，以近利负先帝。欲累濮王以不正之号，将陷陛下于过举之讥。朝论骇闻，天下失望，政典之所不赦，人神之所共弃。"

骂得这么难听也就算了，他们还联名上书，要宋英宗将欧阳修、韩琦等人全部罢黜。正当大家闹得不可开交的时候，曹太后站了出来，她一封手诏，为这件事定了个调子，概括来说就是：濮王不受尊号，不称皇伯，更不称皇考，以后宋英宗就称濮王为"亲"。好，这件事情到此为止。

可事情并没有到此为止，司马光首先站出来发难，说太后一定是受了韩琦的蛊惑，才写这么个手诏。紧接着，范纯仁、吕诲他们也上奏附议，还说韩琦这个人私德不行、人品不好。而这些人里最让韩琦伤心的，是范纯仁。因为他是范仲淹的儿子啊。想当年，韩琦出任陕西安抚使，是他用全家性命做担保，把被贬在外的范仲淹捞出来，范仲淹才有机会跟着他一起去西部战场立战功，才有范仲淹后面升任参知政事和推行新政等一系列事情。在庆历新政中，韩琦和范仲淹齐心协力一起推行改革，一起面对政敌们的攻击。所以他俩的关系是战友、是同事，更是兄弟。而范纯仁也是韩琦看着长大的，在他心里，这就是他的小侄子呀！现在被自己侄子如此谩骂，韩琦心里一点都不伤心，那是不可能的。

最后，这些台谏官们以辞职相逼，要宋英宗治欧阳修、韩琦、曾公亮这些宰执们的罪。而英宗皇帝再三权衡，还是选择将吕诲、范纯仁、吕大防这些谏官们贬了出去。这就是北宋历史上非常著名的"濮议之争"。

还记得当年范仲淹和吕夷简之间那场"百官

图"的大战，斗到最后，吕夷简以辞职相逼，没办法，宋仁宗只好将范仲淹贬去了江西饶州。所以，历史都有相似的一面。

"濮议"这场论战前后一共持续了十八个月。在今天看来，其实很难对两派的观点做出一个是非判断。因为这两派里，司马光、范纯仁、韩琦、欧阳修，都是品格高尚的君子，但最后，双方竟然陷入混战，变成互相人身攻击，典型的由议事升级成了一场政斗，这是不可取的。

在"濮议之争"中，还有一位高官，接连写了二十多封辞职信，要辞掉自己枢密使的职位，离京外任。这个人就是富弼。按理说，富弼和韩琦、欧阳修他们是一拨的，在庆历新政中，大家都属于改革派的盟友，这么多年，在朝廷里也是互相扶持，为什么富弼这会儿坚决要离开呢？

事情还得从韩琦让曹太后还政说起。当时，富弼因为母亲去世，离职在老家洛阳守丧，得知曹太后还政的消息后，富弼就很生气，觉得此等大事，你韩琦竟然都不事先告诉我一声，好歹我也是个重要老臣啊！但是韩琦也有他的说法，他觉得这种暗示太后撤政的事，就要做得像太后的主动意愿才得体，所以不适合到处说，其实确实也有道理。但不管怎样，这件事之后，富弼和韩琦之间便有了隔阂。而在"濮议之争"中，富弼直接站在了台谏官那边，跟韩琦和欧阳修的关系也就急剧恶化。

多年后，富弼离任出京时，欧阳修给富弼写过一封送行信，但富弼没有回他。韩琦更是重感情，每年富弼过生日的时候，他都会派人送去一封亲手写的贺信，但富弼也从来没有回复过他。哪怕到后来，欧阳修和韩琦都先他而去，富弼也没有派人去吊唁，跟这两位老友，富弼还真就这么老死不相往来了。

所以，一声叹息啊！宦海深不可测，历史上像这种好友决裂、父子反目的事情，我们听过太多，但谁也不能轻易评判他们的对错。无论是富弼、韩琦，还是欧阳修，他们作为北宋朝廷重臣，都是实实在在有付出的，只是在这个政治舞台上，各自扮演的角色太复杂了，分也好，合也罢，大概就是他们作为一代风云政治家的无可奈何吧。

的确，在欧阳修三十多年的宦海生涯中，有太多的无可奈何，一辈子吃了性格的苦。因为太刚直，他被政敌攻击、陷害，被朋友误会，彼此决裂。这些都在欧阳修的心里留下了一道道难以愈合的伤痕，可也正因为刚直，他才能身居高位而无所畏惧，才能心安理得地应对一次次扑面而来的流言蜚语。所以在濮议之争中，当欧阳修看到同为宰执的韩琦被如此谩骂和无端指控，他是能感同身受到这种耻辱和痛苦的，同时，他也由衷地崇敬韩琦这样一位顶天立地的社稷功臣那种宽广的胸怀。

于是，欧阳修提笔写下一篇《相州昼锦堂记》，来抒发自己对韩琦的敬佩，在这篇文章中，欧阳修是这样评价韩琦的："故能出入将相，勤劳王家，而夷险一节。至于临大事，决大议，垂绅正笏，不动声色，而措天下于泰山之安，可谓社稷之臣矣。"

就是说韩琦他出将入相，一生为国，在艰险的时候，临危不惧，表现得和平常完全一样。每次遇到大事，他都是气定神闲，不动声色，把天下治理得像泰山一样安稳，他是真正关心国家社稷的大功臣。

在这篇文章里，欧阳修并没有写韩琦具体是怎么处理政务的，而是高度概括了韩琦一生对北宋做出的奉献和牺牲。韩琦看到这篇文章之后，也非常感动。有意思的是，几天后，欧阳修又派人送来另一个版本，并且请韩琦见谅，说上次写的文章里有不妥之处，这次他改了一个新版本。但韩琦读完"新版本"后，却发现两篇文章是一模一样的，他又仔细核对了好几遍，才发现其中的差别，就在文章开篇第一句话，老版写的是："仕宦至将相，富贵归故乡。"而新版写的是："仕宦而至将相，富贵而归故乡。"前后两篇文章，仅仅差了个"而"字。

也许有人会说，欧阳修为了一个虚词"而"

字，又重新写一遍文章，有点小题大做了，大可不必。但其实，我们从这件小事情中可以解读到的是，欧阳修是一个多么严谨和仔细的人，他对待自己和身边的人，从来都是倾心倾意，对生活、对工作，也是极尽所能地完善。正是这种让我们看起来或许有些直愣的行事风格，才一步一步成就了大儒欧阳修。

这天，欧阳修正在家里休养，外面传来一封急报，他打开一看，是老友苏洵病逝的消息。虽然已经经历过很多次与朋友的生离死别，但这一次，欧阳修依然是痛彻心扉。他把自己关在经常和苏洵相聚的那间书房里，默默地回忆着他们一起喝茶、聊天的点点滴滴，不禁泪流满面。事后，欧阳修亲手给苏洵写了一篇墓志铭。

苏洵如果泉下有知，也一定会庆幸自己能遇见这样一位亦师亦友的知己。不仅苏洵，每个人都期待在自己的人生路上，能够遇见贵人、伯乐和知己，而苏洵尤其幸运，因为他遇见的这个人，既是贵人、是伯乐，也是知己。

时间过得很快，转眼就是冬天了，这期间，欧阳修一有机会，还是不停地上奏请求外任，结果他的申请还没得到批复，宋英宗又先走了。治平四年（1067）的正月，在位才五年的宋英宗病逝了，年仅三十六岁。而同一天，刚满二十岁的太子赵顼即位，宋神宗开始登上北宋的政治舞台。这一年，欧阳修已经六十一岁了，送走了两位皇帝的他，此时的求退心比谁都迫切。可命运就是这么无常，欧阳修没等到自己的辞职批复，先等来了一场横祸。

宋英宗去世的第二个月，朝廷举行大丧仪式。按规定，文武百官都要穿缟服素袍，以示哀悼。欧阳修那天确实是疏忽了，他在丧服里面穿了一件紫花袍子，祭拜的时候，恰好被监察御史刘庠发现了，刘庠立刻弹劾欧阳修大不敬，要求朝廷对欧阳修予以贬责。好在这份奏章被宋神宗压了下来，没有让这件事情发酵。然而，欧阳修没有想到，一个更大的阴谋还在后面。

欧阳修的小舅子薛宗孺来了汴京，这个薛宗

孺跟欧阳修之间是有过节的，他早年在淄州任职的时候，受人牵连进了监狱，本想着姐夫欧阳修是朝中重臣，可以找点关系把他捞出来，结果欧阳修不但没捞他，还公开申明不能因为薛宗孺是他亲戚，就被特殊对待，搞得薛宗孺被依法免了职。所以薛宗孺对欧阳修那个恨啊，是恨不得撕了他。果然，这次他一到京城，就开始散布谣言，说欧阳修为老不尊，跟自己的大儿媳吴氏关系暧昧。

这谣言一出，那些在濮议之争中对欧阳修恨之入骨的人，全都兴奋了，总算逮着一个弹劾欧阳修的机会，还管什么真假。欧阳修很快也听到了这个消息，他先是震惊，然后极为愤怒，连续上了三道札子，请宋神宗一定要彻查此事。在札子中，他说："臣身为近臣，忝列政府。今之奇所诬臣之事，苟有之，是犯天下之大恶；无之，是负天下之至冤。犯大恶而不诛，负至冤而不雪，则上累圣政，其体不细。"

从欧阳修如此激烈的请奏中，我们可以感受

到他内心的悲愤。自己迟暮之年，再次蒙受如此污秽的诋毁，让他身心俱疲之余还深刻地感受到人性之恶，欧阳修甚至觉得人生虚虚实实，真真假假，就这么回事了。本来这件事，宋神宗打算息事宁人。但欧阳修却非常较真儿，他又连上四道奏章，恳请朝廷务必深究，还他清白。

最终，在欧阳修的坚持下，朝廷将一众造过谣、传过谣的官员全部降职，并且张榜谴责他们不负责任地瞎说八道。欧阳修算是清白了，但这件事也将他对政治的最后一点热情给磨没了。他又连续上了三道札子，坚决要辞掉自己参知政事的职务。而且这次在辞职信里，他说得非常悲切：自己当官这几十年，因为性格拙直得罪了不少人，如果继续干下去，他担心今后还会遭受这种无端的诽谤。

确实不容易，如果我们站在另一个角度来看这封信里的欧阳修，更像是一位暮年老人向朝廷的恳切哀求。这一次宋神宗终于动容了，同意欧阳修出知亳州，改赐推诚保德崇仁翊戴功臣。

　　欧阳修终于要离开了，此刻，不管他内心舍不舍得，往日的种种都浮上心头。对欧阳修来说，汴京，这座他生活和奋斗了十四年的城市，以后自己应该再也不会回来了。十四年，他享受过极尽的尊荣，也饱尝过政斗的残酷；他赢得过无数人的赞誉，也失去过亲朋好友。但无论怎样，汴京这段宦海生涯都将成为欧阳修此生最刻骨铭心的回忆。

　　而现在，欧阳修要去奔赴自己另一段人生了，他将开启怎样的新生活呢？

附：**半亩诗田**

《百家讲坛·一代文宗欧阳修》字幕古文内容摘录

- -

　　豺狼当路，击逐宜先；奸邪在朝，弹劾敢后？伏见参知政事欧阳修，首开邪议，妄引经据，以枉道悦人主，以近利负先帝。欲累濮王以不正之号，将陷陛下以过举之讥。朝论骇闻，天下失望，政典之所不赦，人神之所共弃。

　　　　　　　　　——李焘《续资治通鉴长编》

■ 故能出入将相，勤劳王家，而夷险一节。至于临大事，决大议，垂绅正笏，不动声色，而措天下于泰山之安，可谓社稷之臣矣。

——欧阳修《相州昼锦堂记》

■ 臣身为近臣，忝列政府。今之奇所诬臣之事，苟有之，是犯天下之大恶；无之，是负天下之至冤。犯大恶而不诛，负至冤而不雪，则上累圣政，其体不细。

——欧阳修《再乞根究蒋之奇弹疏札子》

第十章 /

退而不休功
风骨传万代

启程之前，欧阳修还放心不下即位不久的宋神宗，怕他搞不定身边这帮老谋深算的朝臣，他要找一个有能力又靠谱的人，来代替自己辅佐、帮扶年轻的宋神宗管理朝政。他第一时间想到谁了？司马光。

按理说，在濮议之争中，司马光和欧阳修的观点完全相左，俩人已经到了剑拔弩张的地步，司马光更是上奏弹劾欧阳修是小人。但在欧阳修看来，司马光攻击他是就事论事，这个人的能力和人品是没问题的，所以欧阳修在走之前，赞誉司马光的优异才干和淳正品德，建议朝廷重用他。

这种事情，欧阳修也不是第一次干了。从举荐政敌吕夷简的儿子吕公著，到这次推荐恨他入骨的司马光，欧阳修做事的第一标准，永远是以大局为重。他的这种肚量、胸襟，是一般人所不能及的，值得我们学习。

再说说欧阳修自己，此刻他心情大好，坐在船头，吹着江风，憧憬着即将到来的美好生活。

这一次他要去亳州任知州，但途中先得拐去颍州一趟。早年欧阳修从扬州迁任颍州的时候，就爱上了这座民风淳朴的小城，当即在颍州买地建了房子，只是房子刚盖好，他就被调走了。这一晃，二十年快过去了，这次他转道颍州，就是准备回去修缮一下老房子，然后就正式告老还乡了。

他在写给曾巩的信中说："及至，则敝庐地势，喧静得中，仍不至狭隘，但易故而新，稍增广之，可以自足矣。以是功可速就，期年挂冠之约，必不愆期也。"意思是，当年我买地建的房子闹中取静，现在只要稍微扩建一下就可以住了，估计不出一年就能完工，这样我马上就可以归园田居了。的确，欧阳修这会儿脑子里全是自己退休后的规划，他已经等不及了。

在颖州待了差不多两个月后，欧阳修就去亳州上任了。在亳州，他依然实行宽简政策，以至于史书上对他在亳州的政绩，只记载了一些帮农民干农活、祈雨、扑灭蝗灾这样的事情。朱熹在《考欧阳文忠公事迹》中记载："凡治人者，不问吏材能否，施设何如，但民称便，即是良吏。故公为数郡，不见治迹，不求声誉，以宽简不扰为意。"

的确如此，在欧阳修看来，百姓的需求就是他工作的最高准则，不管用什么方法，百姓能安居乐业就是大功劳。所以，他始终都是以不扰民为工作原则，能少折腾的地方就少折腾。

亳州虽然比不上颖州那么山清水秀，但相比汴京，欧阳修已经惬意太多了。而且隔壁的颖州知州陆经是欧阳修多年的老友，现在欧阳修也有时间给他写信了，两人时不时地互相交流一下心得体会。

此时此刻，好像政治家欧阳修暂时消隐了，

而我们面前的这位更像是文学家欧阳修。他游太清宫，兴致一来，随口就是："拥旆西城一据鞍，耕夫初识劝农官。鸦鸣日出林光动，野阔风摇麦浪寒。渐暖绿杨才弄色，得晴丹杏不胜繁。牛羊鸡犬田家乐，终日思归盍挂冠。"在这首诗里，欧阳修称自己只是一个劝农官，很享受穿过林野的晨光和抚过麦田的寒风，这说来说去，还是惦记着自己要归园田居的心愿。

所以，在亳州干了大半年之后，欧阳修又连上三道札子请求退休，然后毫无意外地被拒绝了。后来他又追加了几封请辞信，而且是一封比一封说得声泪俱下。他说自己病得很严重，得消渴症三年里，形神俱瘁、齿发凋落，再加上眼疾，现在看东西，一个都是两个，而当下，朝廷内外也比较安定，所以请官家开开恩就放过老夫吧。

宋神宗也是狠，他每次拿到信，就跟欧阳修打太极，先安慰一下，然后继续不同意。可欧阳修这次也下了决心死磕到底，只要皇上不同意，我就一直上奏请辞。结果就在那年的八月初，朝廷发来了诏敕，欧阳修不用再当亳州知州了，但是，他又变成了兵部尚书、青州知州。这下欧阳修傻眼了，这都什么事啊，辞职没辞掉，还给升了官。

他愤怒地立刻又写了一封《辞免青州第一札子》，从八月他得到这个坏消息算起，一直到九月，欧阳修一共写了四封辞职信，全部被拒绝了。到了十月份，欧阳修依然不愿意去青州就任，绝望的他只好换了个策略。他写信给宋神宗说："这样吧官家，我不辞职了，我请求留在亳州总可以吧？"结果宋神宗没搭理他，没办法，拖到十月底，欧阳修只好收拾行李准备去青州赴任了。

一路上，欧阳修看着周围的树木，已经透出了初冬的苍凉，他的心情就跟这景色一样寥落，于是他提笔写下："轩冕非吾志，风霜犯客颜。惟应思颍梦，先过穆陵关。"意思是，自己越往北走，颍州就离得越远了，从此两地千山万水相隔，即便自己梦回颍州，路途也是遥远且艰险啊！

到青州之后，欧阳修依然是宽简理政，把事务打理得井井有条。有一天，青州下属的临淄县县令来找他，欧阳修一看，果然不是冤家不碰头，这位县令竟然是蒋之奇的哥哥蒋之仪。在去年发生的"长媳案"中，就是蒋之奇一口咬定欧阳修与儿媳妇有不正当关系，还接连上了几封奏章来弹劾他。这次蒋之奇的哥哥来找欧阳修干什么呢？原来是蒋之仪跟他领导不对付，领导就一直给他穿小鞋，想罢黜他的官职，所以他来找欧阳修，希望得到欧阳修的救护。

按理说，别谈救护，欧阳修这会儿不落井下石，就算很不错了，毕竟他弟弟刚想置自己于死地，搞得他差点晚节不保。但我们了解欧阳修的为人，他一定不会乘人之危，更不会坐视不理。就在蒋之仪走后不久，欧阳修果然尽职尽责地仔细询查一遍，确认蒋之仪没有什么过错后，真的出面维护了他。

一个人要何等宽容，才能做到不计前嫌，不

夹杂一点私情地去帮助仇敌的哥哥？这是一般人做不到的，所以欧阳修的伟大，一方面在于他自身的成就，另一方面，就在于他惜贤爱才，成就别人。

转眼间，欧阳修到青州已经一年了，虽说青州也是大城市，但跟京城比起来，事情还是少很多的，所以在此期间，欧阳修又有时间搞起自己的文学爱好了。在儿子的帮助下，他终于弄完了自己整理、撰写了大半辈子的《集古录》一千卷，又举其大要，写了《集古录跋尾》十卷。还给他们欧阳家族写了一本世谱。而最重要的是，他将自己十六年前给父亲欧阳观写的墓志铭《先君墓表》，重新改了一版，改过之后的就是现在人们熟知的那篇《泷冈阡表》。

这篇碑文很难得，初稿和定稿都收录在欧阳修的文集里，两篇对照着看，就能发现欧阳修的写作态度。比如他在解释父亲极力为死囚找活路的原因，原稿中是："求其生而不得，则死者与我皆无恨。"欧阳修改过之后，这句话就成了："求其生而不得，则死者与我皆无恨也。"仅仅加了一个"也"字，但语气上的肯定程度稍微加强了一点。再比如《先君墓表》中是："回顾乳者剑汝而立于旁，指而叹曰……"到了《泷冈阡表》中，就改成了："回顾乳者剑汝而立于旁，因指而叹曰……"这句话也是只加了一个"因"字，但上下句之间的逻辑，就更加清晰了。

其实，相较于《先君墓表》，欧阳修在《泷冈阡表》中进行的修改，几乎都是在这加一个字，在那减一个字，换个人称，等等。但正是这种精益求精的打磨，让《泷冈阡表》读起来纡徐婉转，又不失饱满的情感，而这篇文章也被后人称之为"千古至文"。

有意思的是，欧阳修的妻子看着欧阳修每天对着一堆书稿冥思苦想、殚精竭虑，就劝欧阳修，说："你这小老头一个了，何必天天这样自讨苦吃呢？难道还怕先生骂你不成？"结果欧阳修回道："倒不是怕先生骂，是怕后生笑啊！"

上文讲过，欧阳修给韩琦写文章也是改了

又改，最后定稿的文章相比初稿，仅仅在开头一句多加了"而"字。连韩琦都看半天才发现。在宋代的史书中有记载，说欧阳修每次写完文章之后，他总会把初稿"贴之墙壁，坐卧观之"，哪怕是写一张几十个字的小便条，他也会先打个草稿。所以，欧阳修写作的秘诀就是反复琢磨、勤于修改，千锤百炼，直到满意为止。而这也是欧阳修能写出这么多传世文章一个很重要的原因。

欧阳修自己也很乐意给当时来求教的晚辈传授他的写作技巧，他用《卖油翁》的故事告诫后生们，真功夫出自实践，任何事情都是可以"熟能生巧"的。

在青州，欧阳修的日子过得还算舒坦，但朝廷里，一场轰轰烈烈的变法已经拉开了序幕，而这场变法的主持人，正是欧阳修多次举荐的王安石。这会儿的王安石已经跻身参知政事，进入了朝廷决策的核心集团。

面对宋朝长期积贫积弱的尴尬局面，宋神宗其实早就有改革图治、富国强兵的意愿，为此，他还广泛征求过大臣们的意见。他问富弼，富弼说："老臣以为，官家您刚即位，应该先行恩泽，希望您二十年不要谈兵。"他问司马光，司马光说："我觉得官家您应该先修身，再治国。"

反正这些老臣都不支持他改革，搞得宋神宗心里很不爽，在他看来，这批朝廷老人都过于稳重了，他们已经没有了庆历新政时的那种锐气。

从庆历新政一路看过来，就会知道，改革是一场异常复杂并且牵一发而动全身的恶战，因为天下事积重难返，况且宋朝贫弱的局面也不是一两天造成的。

正当年轻的宋神宗苦闷之时，王安石站出来了，他说："大有为之时，正在今日！"于是，百年难逢的君臣遇合，两个人轰轰烈烈地就干起来了。

熙宁二年（1069）的二月，王安石不仅制定了"三司条例"，还创建了一个"三司条例司"的新机构，负责掌管户部、度支和盐铁三大块，等于是把朝廷原有的三司省甩开了，"另起炉灶"。

紧接着，王安石又颁布了一系列新法，具体内容可以分为理财和整军两大类，理财类包括青苗法、免役法、方田均税法等，而整军类的，有裁兵法、将兵法、保甲法等。总之，王安石的这一系列改革，都是围绕"如何增加国家财政收入和兵力"这一中心来实行的。

就拿著名的青苗法来说吧。对于老百姓来说，每年春天是一个青黄不接的季节，大家没有办法获得粮食，所以他们就会向当地的土豪借粮借钱，土豪们收取一定利息，到了丰收的季节，老百姓再把钱和粮还回去。而王安石的青苗法，打击的就是这种民间借贷。青苗法规定，在青黄不接时期，由官府出面将粮食借给百姓，收取百分之二十利息。但理想很丰满，现实很骨感，青苗法真正实施起来，老百姓们却发现借贷手续复杂、中间官员额外收费、贷款强制性"抑配"、利滚利等等。实施一段时间后，国家的财政收入的确一下子增加不少，但对于老百姓而言，什么青苗法，根本不是官方宣传的让他们脱贫致富，反而搞得大家生活负担更重了，甚至还有人因此"破产"，大家都苦不堪言。

其实当时，有很多老臣和士大夫都极力反对新法，比如司马光、吕公著、苏轼、韩琦等，但王安石有一个外号叫"拗相公"，他有多拗呢？早年人家都挤破头往权力中心靠，他坚决不参加升官考试，甚至王安石吃饭都是始终只吃他面前那盘菜。而他的这种执拗，在实施新法的过程中，就表现为一种手段的硬推，对于不愿意合作的官员，王安石也懒得跟他们说，直接另外拉了一帮拥护新法的人，重新组建了一套工作班子，去各地落实新法。后来造成了一个什么结果呢？很多职位上有两个同样的长官。当时王安石的这种做法，着实让朝野震惊。

远在青州的欧阳修，看着这场激烈的变法，心情很复杂，想起了自己走过的老路。当年在庆历新政中，他们改革派就是犯了激进的毛病，最后落得个里外不讨好，以失败告终。而据欧阳修这一年的观察，王安石推行新法，比他们那会儿还要激进、强硬得多。尽管王安石的出发点是为了国家社稷，但现在显然是忽视了民生啊，民生乃国计之本，这样改革下去，欧阳修几乎都能预见结局了。于是，在忍了一年之后，欧阳修终于忍不住要发声了。

他先是上奏了一道《言青苗钱第一札子》，对青苗法的实施提出了修改意见，结果札子送出去两个多月跟送丢了一样，石沉大海。欧阳修没办法，又追加了第二道札子，然后自作主张，令他管辖内的京东东路各州军，先停止了发放青苗钱。这下朝廷有反应了，下了一道诏令，严厉批评欧阳修的这一行为。

其实王安石在变法初期，对欧阳修是抱有幻想的，正好宋神宗也有想法，让欧阳修回朝当宰相。就这个问题，他跟王安石还讨论过几次，当时宋神宗列了好几个人，问王安石哪个最好，王安石毫不犹豫地选择了欧阳修。但是后来，随着欧阳修反对新法的札子一道接一道地上，王安石也意识到了，欧阳修不可能成为自己的盟友，所以他也从仰仗、推崇欧阳修，变成了排斥和诋毁他。

就在欧阳修青州任期即将结束的时候，他又收到宋神宗的诏令，任命他为宣徽南院使、判太原府。欧阳修听完宣诏后是一万个不情愿，且不说自己病恹恹的身体吃不消了，就看眼前这形势，他跟王安石肯定也是"道不同，不相为谋"的。所以，欧阳修立刻连上四封奏章要辞职，并且坚决不进京。等了一段时间看朝廷没反应，欧阳修又追加了两封请辞信，并且在信中明确表示了自己"守旧"，反对"新奇""功利"的政治态度。这下终于击中了宋神宗的痛点，他同意了欧阳修的请求，让他去蔡州（今河南汝南县）任知州。

蔡州就挨着颍州，欧阳修去赴任途中又绕道回颍州看了看他的小房子。在儿女们的操持下，房子已经快修好了，没修好的部分，竟然是因为家里钱不够。说出来可能没人相信，欧阳修，一位三朝重臣，官至参知政事，竟然没什么个人积蓄，在小地方修个房子还捉襟见肘。但不管怎样，欧阳修看到的是一间花木成荫、窗明几净的小房子，在他的书房里，孩子们已经帮他陈列好琴、棋、书、画，还有他多年收藏的金石遗文。欧阳修笑眯眯地看着这一切，他已经开始构想自己解甲归田后的惬意生活。

早在四年前，欧阳修就学古代隐士，给自己取了一个"六一居士"的别号。"六一居士"是什么意思呢？按照欧阳修在《六一居士传》里的说法："吾家藏书一万卷，集录三代以来金石遗文一千卷，有琴一张，有棋一局，而常置酒一壶。"我们可以看到，一万卷书、一千卷金石遗文、一张琴、一局棋和一壶酒，这里只有"五个一"啊，那"第六一"是什么呢？欧阳修说："以吾一翁，老于此五物之间，是岂不为六一乎？"

的确，读书是欧阳修从小养成的爱好，这也让他从一名贫寒的士子成长为北宋政坛和文坛举足轻重的人物。而琴始终是他最真挚的友伴，最初他学弹琴，只是为了调养身心，可慢慢地他发现琴声和人性是相通的，在那些被贬谪的日子里，抚琴帮他排解孤寂和忧郁，让他聆听到自己真实的心声。总之，在欧阳修漫长且艰辛的一生中，是琴、棋、书、酒和金石遗文给了他最深刻的精神抚慰，所以他甘愿沉醉其中。

在《六一居士传》里，欧阳修用一种主客问答的形式，解释了一下他为什么要把自己"醉翁"的称号改为"六一居士"。他说，客人问他，屡次换名号，是不是要以此来"逃名"。欧阳修是怎么回答的呢？他说："吾固知名之不可逃，然亦知夫不必逃也；吾为此名，聊以志吾之乐尔。"

就是说，欧阳修年轻的时候，寒窗苦读数十载，为的是功成名就，而当他真的有了名位之后，才发现所谓的名和忧虑是绑在一起的，就是我们所说的，人站得越高，责任越大。但欧阳修从来不是一个逃避责任的人，在朝为官四十多年，他刚正不阿，不避仇怨，至于换名号，只不过是抒发一下自己的志趣罢了。三十九岁的时候，他被贬滁州，其间自号为"醉翁"，这种"醉"里，多少有点仕途失意，"意不在酒"的无奈。

而他晚年改号"六一居士",也不过是表达一种思归求退、安享晚年的心愿罢了。"六一"之乐,是他人生的最后一份追求。

在颍州小住一个月后,欧阳修就恋恋不舍地去蔡州上任了,只是这次还没上任几个月,他就一病不起,脊背疼到完全不能直立,没办法,他只好请假在家休养。闲在家里的欧阳修内心非常愧疚,他年轻的时候曾向宋仁宗上过一道奏疏,建议朝廷要清除四类人,其中有一类就是"老病"者,现在自己拖着病体,还占着官位,不就成了自己弹劾的那一类"老病"官员了吗?想到这里,欧阳修又开始写辞职信了,这一次为了表达自己志在必辞的决心,他不等朝廷批复,又追加了三封请辞书,恳求神宗皇帝看在他年老衰病的分儿上,放他退休吧。甚至欧阳修还提到除了工作的确力不从心之外,他也害怕再次被弹劾,搞得自己名声不好。

其实宋神宗这边也很为难,他不是不知道欧阳修一身的病痛,只是他实在是舍不得放掉这样一位德隆望尊的老臣。让欧阳修退休是大宋朝廷莫大的损失啊。但宋神宗也知道，如果欧阳修去意已决，强留也留不住的，所以，在熙宁四年（1071）的六月，欧阳修终于接到了准许他退休的诏书。

这下欧阳修算是心满意足了，他顿时感到一种久违的轻松和畅快，直奔自己在颖州的小家，归心似箭。从此，在颖州西湖的西畔多了一个穿着一身道袍、安适散步的老人。有一天，欧阳修照常在书房里整理文集，信使送来一个好消息，他的两位高足苏轼和苏辙要来颖州看望他。

真是个好消息，欧阳修高兴坏了，自从老友苏洵去世，苏轼和苏辙扶灵回家守丧，他们已经五年多没有见面了。这次是因为苏轼反对王安石新法而遭到弹劾，被降职为杭州通判，他赴任途中先去陈州与苏辙会合，然后兄弟俩再结伴来颖州探望恩师。

一见面，苏轼和苏辙都惊呆了，眼前这位满头白发、老眼昏花、步履艰难的老者，和五年前相比，简直像换了个人一样。而就是这样一位看上去已然衰弱无力、老态龙钟的老人，谁会想到他的一生却是如此波澜壮阔。

那几天，师徒三人兴致勃勃地游西湖，饮酒、赋诗、畅谈，欧阳修难得地面色红润、神采奕奕。可能知道自己时间不多了，欧阳修郑重地对苏轼说："我老了，以后文坛的发展就靠你了。"苏轼听完之后，心酸之余立刻拱手相拜，说，学生至死不忘老师的教诲。

其实在后来的岁月里，我们已经见证了欧阳修的确没有看错人，苏轼以他全部的人生践行着他对老师欧阳修的承诺。政治上，苏轼充满了"以天下为己任"的使命感和责任感，他的坦荡和正气让他一生几乎与祸患相伴，受尽了折磨，但迫害和打击始终没能消磨掉的是他"敢为天下先"的勇锐。文学上，苏轼以他澎湃的才情和深刻的人生体验，在诗、词、文章方面都有较高的成就，而且他还像欧阳修一样，不遗余力地提携后进、举荐有识之士，在苏轼的号召下，北宋文坛百花齐放，形成了继欧阳修之后另一个文学高峰。

二十年后，苏轼重访故地颍州，缅怀先师，他非常感慨。这二十年里，他没有一天敢忘记自己当初对老师的承诺，而这也让他吃尽了苦头，但现在，他可以非常自豪、非常坦然地告慰先师："虽无以报，不辱其门。"或许，这世间最好的师生关系，莫过于互相懂得、互相成就了吧。

欧阳修与苏氏兄弟的这次见面，也是他们此生最后一次相聚。一年后的夏末，欧阳修多种旧疾复发，病情来势汹汹，一个月后，他的生命旅程走到了尽头，享年六十六岁。

欧阳修离世的消息，很快传遍了全国。宋神宗听到后，既震惊又悲痛，直接辍朝一天，为之悼念。而那些受过欧阳修提携、帮助的故友和门生也都纷纷撰文悼念。老友韩琦遵欧阳修遗嘱，给他写墓志铭，他说："公之文章，独步当世……公之谏诤，务倾大忠……公之进退，远迈前贤。"而爱徒曾巩对欧阳修的评价是："言由公海，行由公率，戴德不酬，怀情独郁。"虽然王安石与欧阳修政见不一，但他在祭文中仍然称欧公是："果敢之气，刚正之节，至晚而不衰。"

欧阳修去世后，他被朝廷追封为太师，宋神宗赐谥号"文忠"。至此，欧阳修轰轰烈烈的一生，正式落下帷幕。

孔子曾言："逝者如斯夫，不舍昼夜。"古往今来，岁月无情，谁也无法逃脱生老病死这个永恒的规律，而我们唯一能够留下并传之后世的，就是超越于我们肉体之上的精神和人格。这也是为什么我们今天还在讲一千年前的故事，还要讲欧阳修。

欧阳修是北宋前期难得的一位文化巨星，他勤奋、睿智，视野开阔，在他的不懈努力下，北宋古文运动取得了圆满的成功，宋代散文形成一种清新、平实、婉转的新风格。作为一代文宗，欧阳修严谨治学、精益求精，他的文章称得上"百世之师"。作为主考官，欧阳修提携后进，不拘一格降人才，他的眼力和魄力称得上"千年伯乐"。而作为三朝老臣，欧阳修以天下为己任，他富贵不淫、贫贱不移、威武不屈，他的德行配得上他的高位。

就像苏轼说的那样："自欧阳子出，天下争自濯磨，以通经学古为高，以救时行道为贤，以犯颜纳谏为忠。"欧阳修的崇高气节和伟大人格，让他称得上是一位"立功立德立言"的千古圣贤。

如今，欧阳修已经逝去快一千年了，但他的品格、精神，他为我们留下的文化遗产都已经铭刻在了历史的丰碑上，它们穿越时光隧道，影响着一代又一代的后人。

附： **半亩诗田**

《百家讲坛·一代文宗欧阳修》字幕古文内容摘录

▨ 及至，则敝庐地势，喧静得中，仍不至狭隘，但易故而新，稍增广之，可以自足矣。以是功可速就，期年挂冠之约，必不愆期也。

——《与曾舍人巩》

■ 凡治人者，不问吏材能否，施政何如，但民称便，即是良吏。故公为数郡，不见治迹，不求声誉，以宽简不扰为意。

　　　　　　——朱熹《考欧阳文忠公事迹》

■ 拥旄西城一据鞍，耕夫初识劝农官。鸦鸣日出林光动，野阔风摇麦浪寒。渐暖绿杨才弄色，得晴丹杏不胜繁。牛羊鸡犬田家乐，终日思归盍挂冠。

　　　　　　——欧阳修《游太清宫出城马上口占》

■ 轩冕非吾志，风霜犯客颜。惟应思颍梦，先过穆陵关。

　　　　　　——欧阳修《晓发齐州道中二首其一》

■ 吾家藏书一万卷，集录三代以来金石遗文一千卷，有琴一张，有棋一局，而常置酒一壶。

　　　　　　——欧阳修《六一居士传》

■ 吾固知名之不可逃，然亦知夫不必逃也；吾为此名，聊以志吾之乐尔。

　　　　　　——欧阳修《六一居士传》

■ 公之文章，独步当世……公之谏诤，务倾大忠……公之进退，远迈前贤。

　　　　　　——《欧阳修全集》附录三·祭文

■　言由公诲，行由公率，戴德不酬，怀情独郁。

——《曾巩文集》

■　自欧阳子出，天下争自濯磨，以通经学古为高，以救时行道为贤，以犯颜纳谏为忠。

——苏轼《六一居士集叙》

图书在版编目（CIP）数据

人活起伏：欧阳修 / 何楚涵著 . -- 北京：作家出版社，2024. 10（2024.10重印）.
ISBN 978-7-5212-3075-8

Ⅰ．K825.6

中国国家版本馆 CIP 数据核字第 2024JS3167 号

人活起伏：欧阳修

作　　者：何楚涵
责任编辑：陈亚利　向　萍
装帧设计：杜　江　周　侠
出版发行：作家出版社有限公司
社　　址：北京农展馆南里 10 号　　　邮　　编：100125
电话传真：86-10-65067186（发行中心）
　　　　　86-10-65004079（总编室）
E-mail:zuojia @ zuojia.net.cn
http://www.zuojiachubanshe.com
印　　刷：中煤（北京）印务有限公司
成品尺寸：130 × 185
字　　数：112 千
印　　张：8.5
版　　次：2024 年 10 月第 1 版
印　　次：2024 年 10 月第 2 次印刷
ISBN　978-7-5212-3075-8
定　　价：58.00 元